GIG BAG SERIES
FOR MANDOLIN

MANDOLIN CHORDS

T0033811

Amsco Publications
a Part of the Music Sales Group
New York/London/Paris/Sydney/
Copenhagen/Berlin/Tokyo/Madrid

Cover design: Fresh Lemon
Interior design and layout by Len Vogler

Order No. AM 979022
ISBN-13: 978-0-8256-3697-4

Exclusive Distributors:
Music Sales Corporation
180 Madison Avenue, 24th Floor, New York NY10016, USA
Music Sales Limited
14-15 Berners Street, London W1T 3LJ England
Music Sales Pty. Limited
Units 3-4, 17 Willfox St, Condell Park, NSW, 2200 Australia

Printed in China

Introduction

This book is a reference guide for mandolin players. It is not intended as a method book, but rather as a reference book of chords that are accessible to the beginner and advanced player alike. Strong chord knowledge will help build familiarity with the fretboard and help develop flexibility in solo, accompaniment, and ensemble playing.

How to Use This Book

It is strongly recommended that you develop a practice regimen which you devote some time to chord study.

Here are some helpful tips:

Above each chord grid you'll find the name of the chord and to the right you'll find the chord spelled out on the treble staff.

Below each chord grid you'll find the note names and scale degrees that make up that particular chord.

Each chord has several variations that extend the length of the fretboard. Each variation is presented from the lowest position on the neck to the highest position on the neck.

Use the following legend to construct the desired chord.

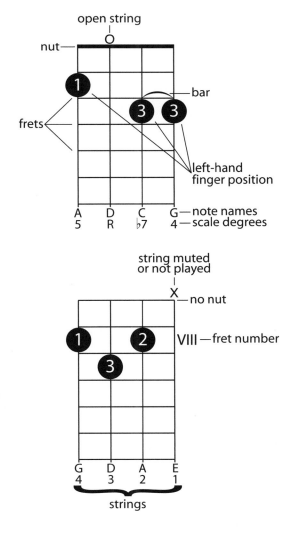

C

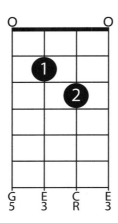

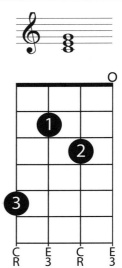

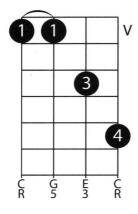

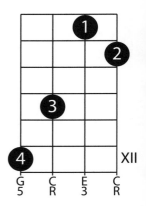

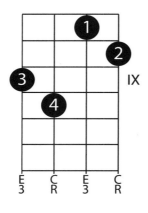

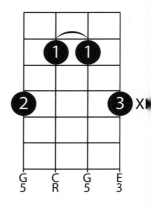

Csus4

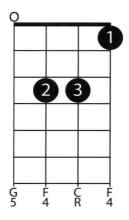

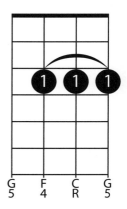

Csus4

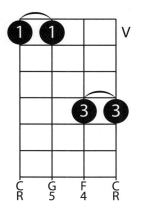

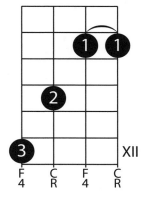

C6

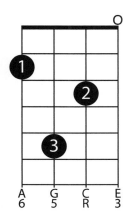

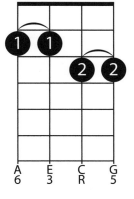

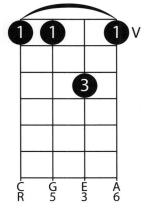

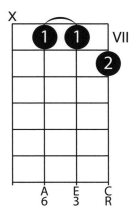

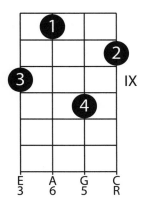

C$^6_9$

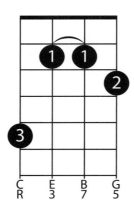

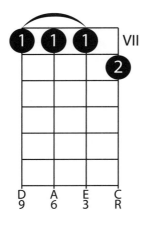

Cmaj7

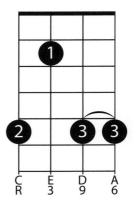

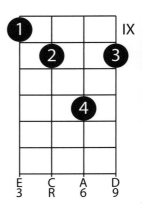

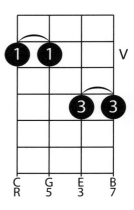

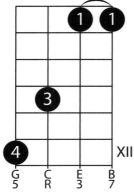

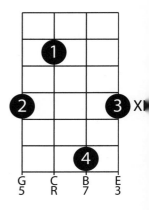

Cmaj9

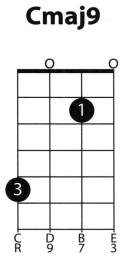

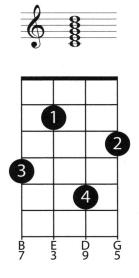

C	D B E
R	9 7 3

B E D G
7 3 9 5

VII

D B E C
9 7 3 R

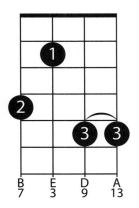

IX

E C D B
3 R 9 7

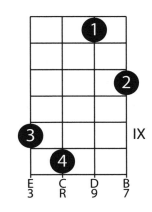

Cmaj13

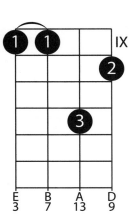

B E D A
7 3 9 13

V

E B D A
3 7 9 13

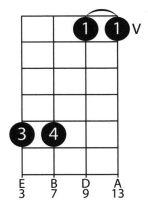

IX

E B A D
3 7 13 9

Cm

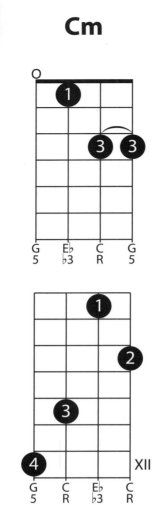
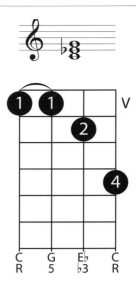

Cm6

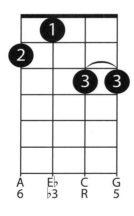
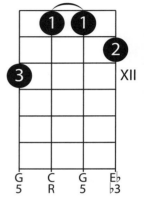

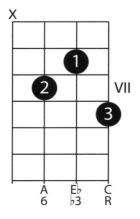
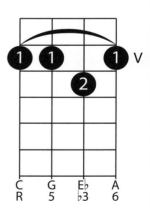
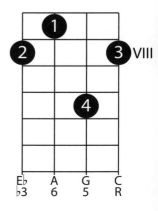

Cm7

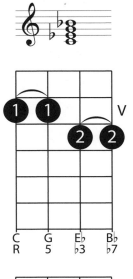

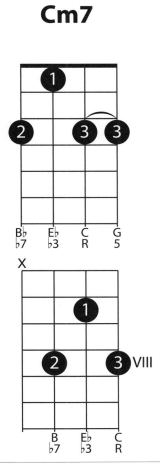

B♭	E♭	C	G
♭7	♭3	R	5

C	G	E♭	B♭
R	5	♭3	♭7

X

B	E♭	C	
♭7	♭3	R	

E♭	B♭	G	C
♭3	♭7	5	R

Cm(maj7)

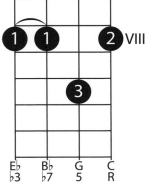

C	G	E	B
R	5	♭3	7

E	B	G	C
♭3	7	5	R

Cm9

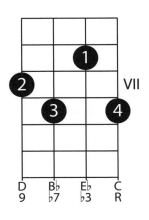

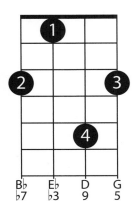

B♭	E♭	D	G
♭7	♭3	9	5

D	B♭	E♭	C
9	♭7	♭3	R

9

Cm11

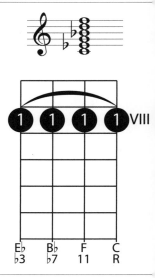

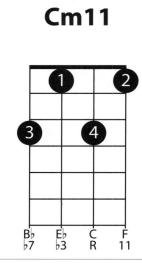

B♭	E♭	C	F
♭7	♭3	R	11

VIII

E♭	B♭	F	C
♭3	♭7	11	R

Cm13

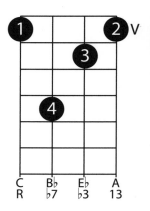

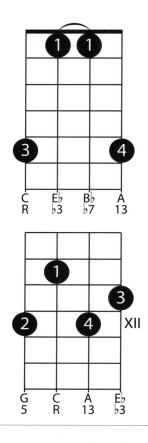

C	E♭	B♭	A
R	♭3	♭7	13

V

C	B♭	E♭	A
R	♭7	♭3	13

XII

G	C	A	E♭
5	R	13	♭3

Cm7♭5

X

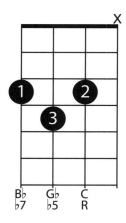

B♭	G♭	C
♭7	♭5	R

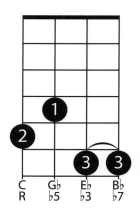

C	G♭	E♭	B♭
R	♭5	♭3	♭7

Cm7♭5

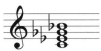

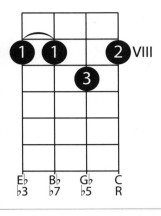

E♭	B♭	G♭	C
♭3	♭7	♭5	R

C°7

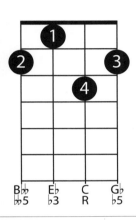

B♭♭	E♭	C	G♭
♭♭5	♭3	R	♭5

C	G	E♭	B♭♭
R	♭5	♭3	♭♭7

C7

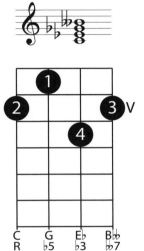

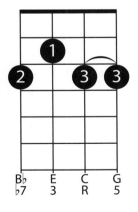

B♭	E	C	G
♭7	3	R	5

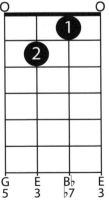

G	E	B♭	E
5	3	♭7	3

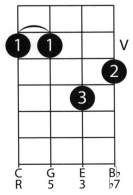

C	G	E	B♭
R	5	3	♭7

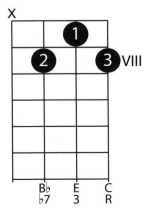

B♭	E	C
♭7	3	R

C7

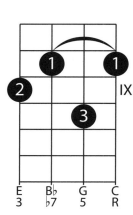

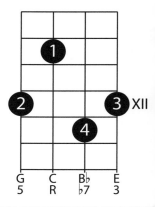

C7sus4

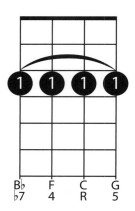

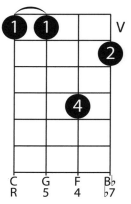

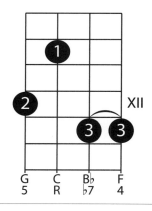

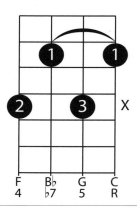

C7♭5

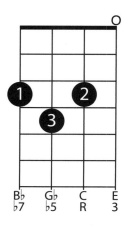

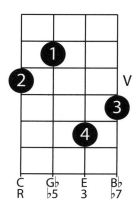

C7♭5

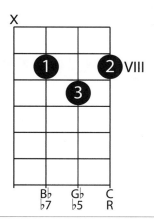

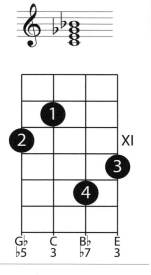

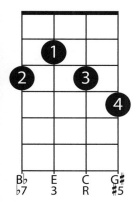

B♭	G♭	C
♭7	♭5	R

G♭	C	B♭	E
♭5	3	♭7	3

C7+

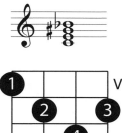

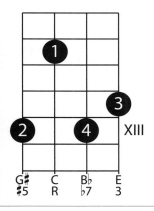

B♭	E	C	G#
♭7	3	R	#5

C	G#	E	B♭
R	#5	3	♭7

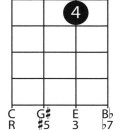

G#	C	B♭	E
#5	R	♭7	3

C9

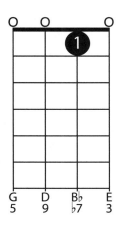

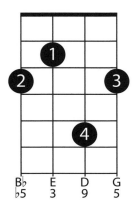

G	D	B♭	E
5	9	♭7	3

B♭	E	D	G
♭5	3	9	5

13

C9

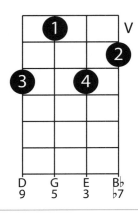

D	G	E	B♭
9	5	3	♭7

V

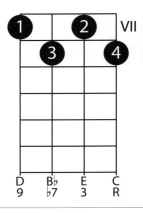

D	B♭	E	C
9	♭7	3	R

VII

C9sus4

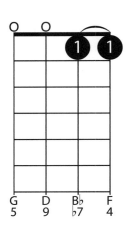

G	D	B♭	F
5	9	♭7	4

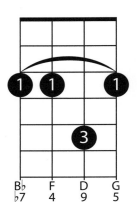

B♭	F	D	G
♭7	4	9	5

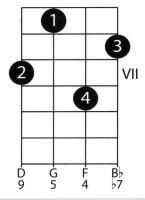

D	G	F	B♭
9	5	4	♭7

VII

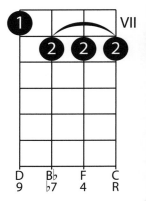

D	B♭	F	C
9	♭7	4	R

VII

C9♭5

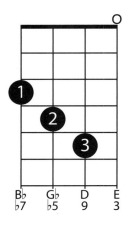

B♭	G♭	D	E
♭7	♭5	9	3

O

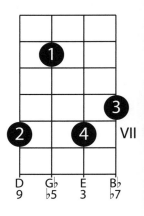

D	G♭	E	B♭
9	♭5	3	♭7

VII

C9♭5

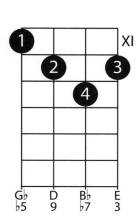

G♭	D	B♭	E
♭5	9	♭7	3

C9+

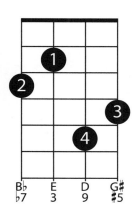

B♭	E	D	G#
♭7	3	9	#5

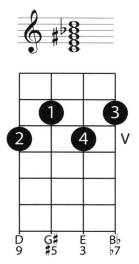

D	G#	E	B♭
9	#5	3	♭7

C13

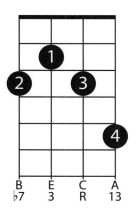

B	E	C	A
♭7	3	R	13

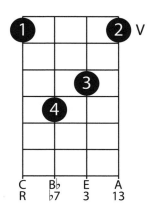

C	B♭	E	A
R	♭7	3	13

C#

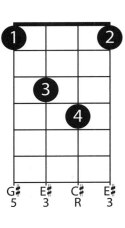

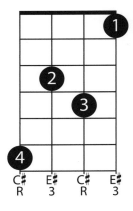

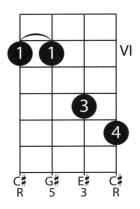

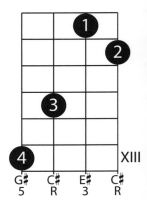

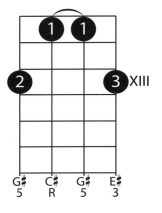

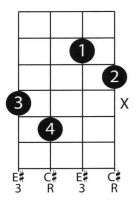

C#sus4

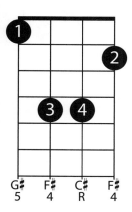

G# F# C# F#
5 4 R 4

F# C# G#
4 R 5

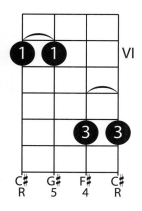

C# G# F# C#
R 5 4 R

G# C# F# C#
5 R 4 R

VI

XIII

X

C#6

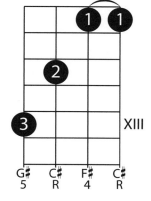

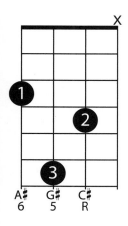

A# G# C#
6 5 R

A# E# C# G#
6 3 R 5

X

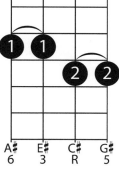

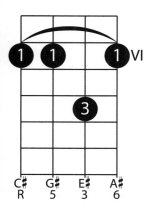

C# G# E# A#
R 5 3 6

E# A# G# C#
3 6 5 R

VI

X

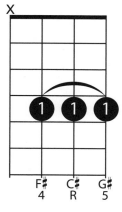

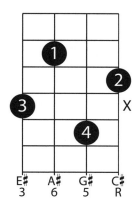

17

C#⁶₉

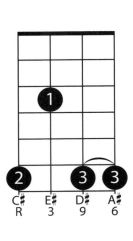

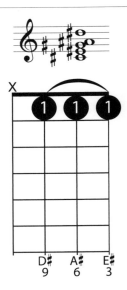

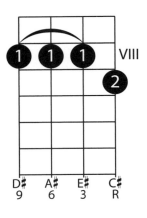

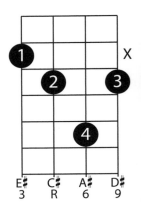

C#maj7

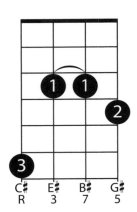

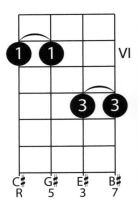

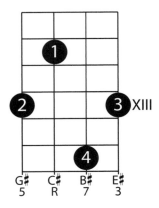

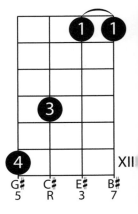

C#maj9

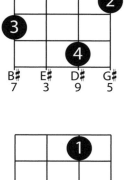

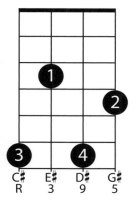

C# E# D# G#
R   3   9   5

B# E# D# G#
7   3   9   5

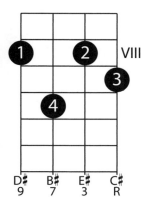

VIII

D# B# E# C#
9   7   3   R

E# C# D# B#
3   R   9   7

X

C#maj13

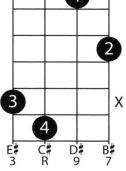

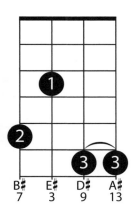

B# E# D# A#
7   3   9   13

E# B# D# A#
3   7   9   13

X

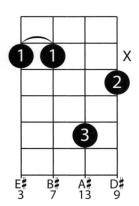

X

E# B# A# D#
3   7   13 9

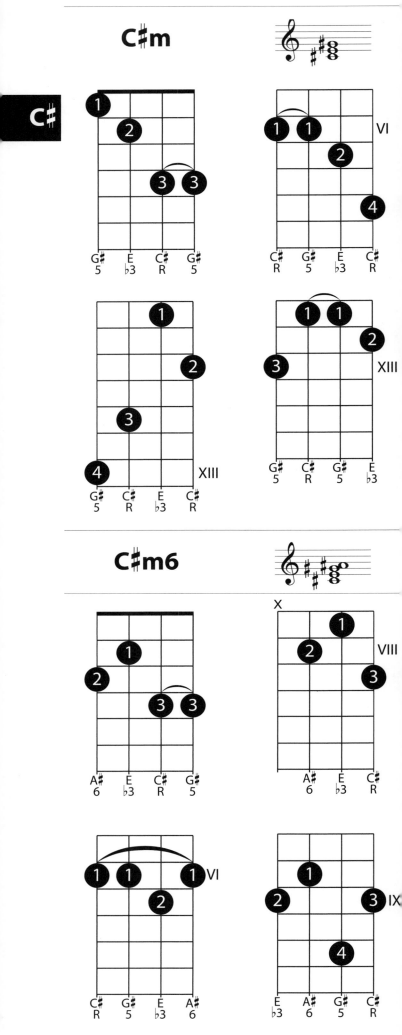

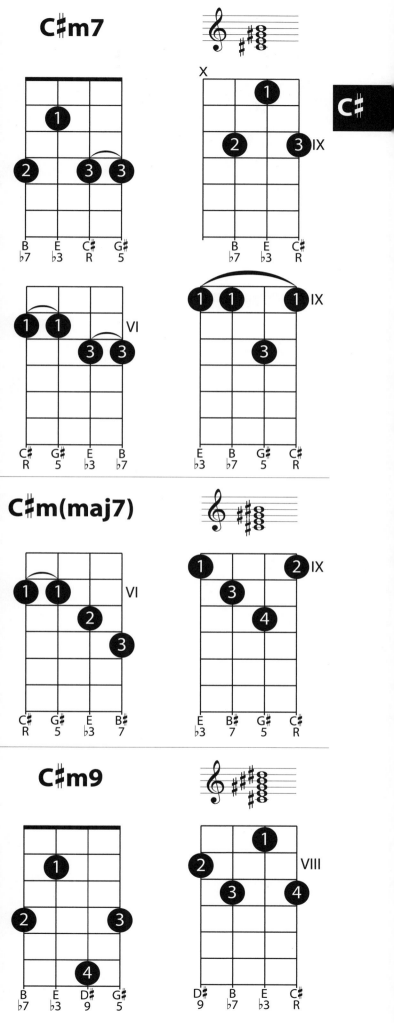

C#m7

C#m(maj7)

C#m9

21

C#m11

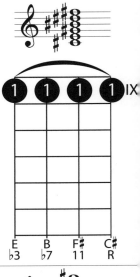

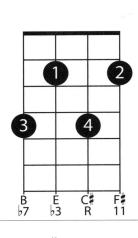

B	E	C#	F#
b7	b3	R	11

E	B	F#	C#
b3	b7	11	R

IX

C#m13

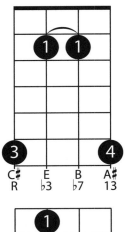

C#	E	B	A#
R	b3	b7	13

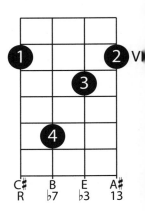

C#	B	E	A#
R	b7	b3	13

VI

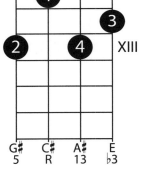

XIII

G#	C#	A#	E
5	R	13	b3

C#m7b5

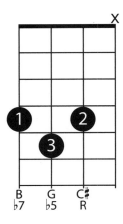

X

B	G	C#
b7	b5	R

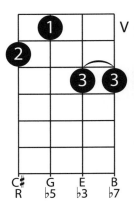

V

C#	G	E	B
R	b5	b3	b7

22

C#m7♭5

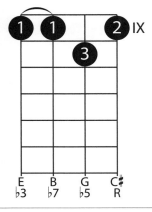

E · B · G · C#
♭3 · ♭7 · ♭5 · R

IX

C#°7

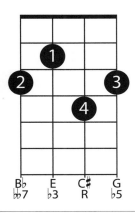

B♭ · E · C# · G
♭♭7 · ♭3 · R · ♭5

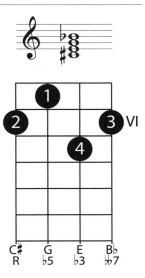

C# · G · E · B♭
R · ♭5 · ♭3 · ♭♭7

VI

C#7

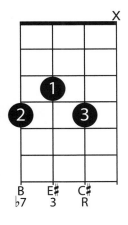

X

B · E# · C#
♭7 · 3 · R

G# · E# · B · E#
5 · 3 · ♭7 · 3

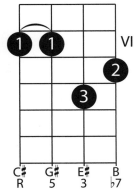

VI

C# · G# · E# · B
R · 5 · 3 · ♭7

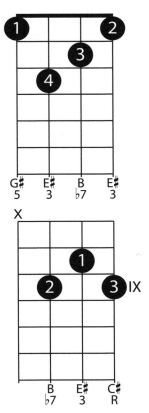

X

IX

B · E# · C#
♭7 · 3 · R

23

C#7

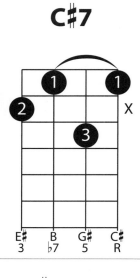
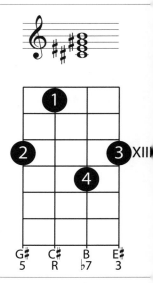

E#	B	G#	C#
3	b7	5	R

X

G#	C#	B	E#
5	R	b7	3

XIII

C#7sus4

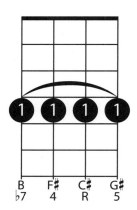
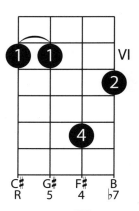

B	F#	C#	G#
b7	4	R	5

C#	G#	F#	B
R	5	4	b7

VI

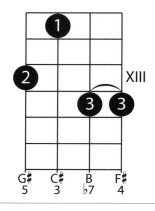
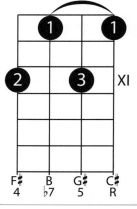

XIII

G#	C#	B	F#
5	3	b7	4

F#	B	G#	C#
4	b7	5	R

XI

C#7b5

X

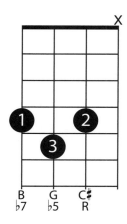
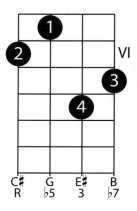

B	G	C#
b7	b5	R

C#	G	E#	B
R	b5	3	b7

VI

24

C#7♭5

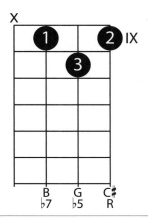

B	G	C#
♭7	♭5	R

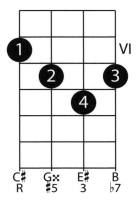

G	C#	B	E#
♭5	R	♭7	3

C#7+

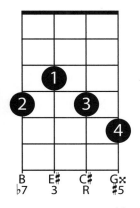

B	E#	C#	G×
♭7	3	R	#5

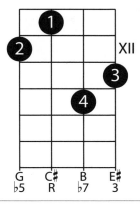

C#	G×	E#	B
R	#5	3	♭7

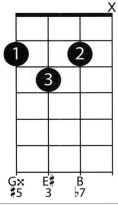

G×	E#	B
#5	3	♭7

C#9

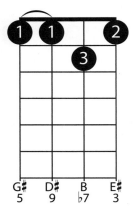

G#	D#	B	E#
5	9	♭7	3

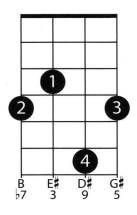

B	E#	D#	G#
♭7	3	9	5

25

C#9

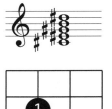

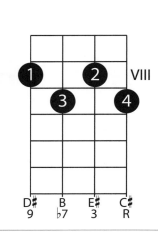

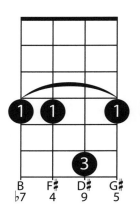

D#	B	E#	C#
9	b7	3	R

D#	G#	E#	B
9	5	3	b7

C#9sus4

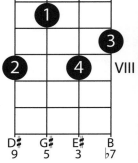

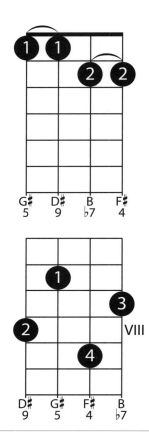

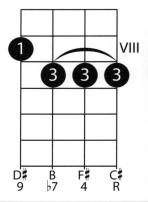

G#	D#	B	F#
5	9	b7	4

B	F#	D#	G#
b7	4	9	5

D#	G#	F#	B
9	5	4	b7

D#	B	F#	C#
9	b7	4	R

C#9b5

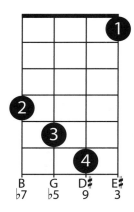

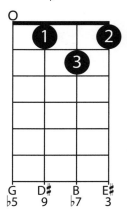

B	G	D#	E#
b7	b5	9	3

G	D#	B	E#
b5	9	b7	3

C#9♭5

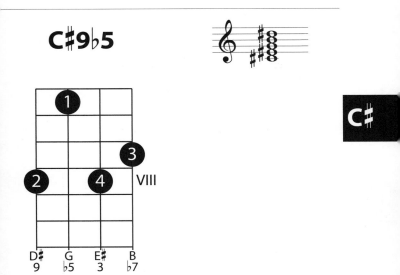

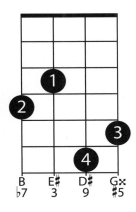

D#   G   E#   B
9   ♭5   3   ♭7

C#9+

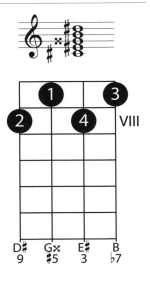

Left diagram:
B   E#   D#   Gx
♭7   3   9   #5

Right diagram (VIII):
D#   Gx   E#   B
9   #5   3   ♭7

C#13

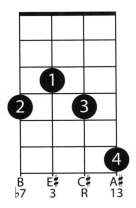

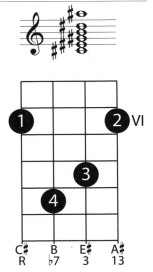

Left diagram:
B   E#   C#   A#
♭7   3   R   13

Right diagram (VI):
C#   B   E#   A#
R   ♭7   3   13

D

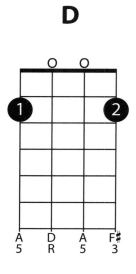

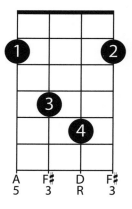

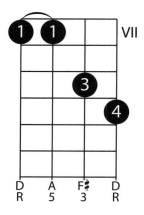

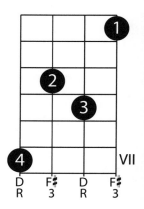

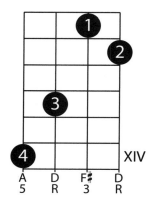

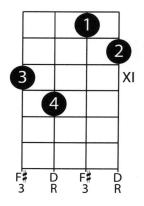

Dsus4

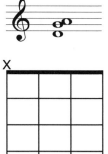

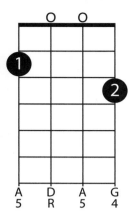

A	D	A	G
5	R	5	4

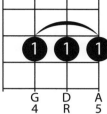

	G	D	A
	4	R	5

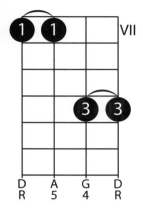

VII

D	A	G	D
R	5	4	R

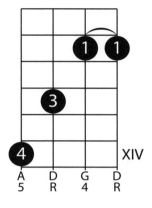

XIV

A	D	G	D
5	R	4	R

D6

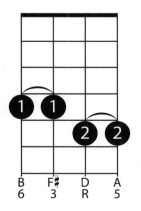

B	F#	D	A
6	3	R	5

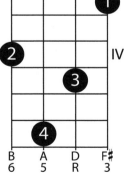

IV

B	A	D	F#
6	5	R	3

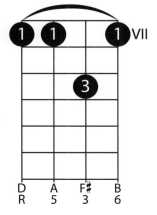

VII

D	A	F#	B
R	5	3	6

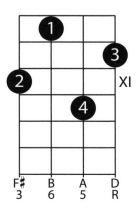

XI

F#	B	A	D
3	6	5	R

29

D

D⁶₉

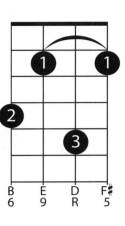

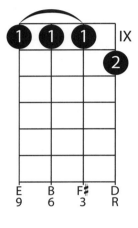

B E D F#
6 9 R 5

D F# E B
R 3 9 6

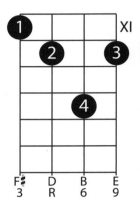

E B F# D
9 6 3 R

F# D B E
3 R 6 9

Dmaj7

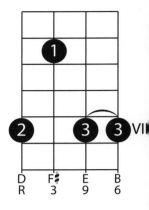

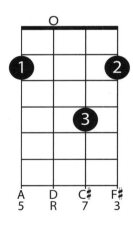

A D C# F#
5 R 7 3

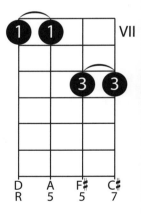

D A F# C#
R 5 5 7

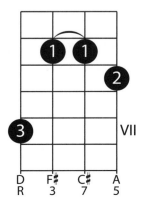

D F# C# A
R 3 7 5

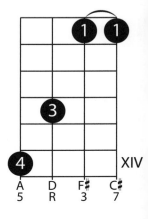

A D F# C#
5 R 3 7

Dmaj9

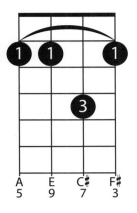

A 5   E 9   C# 7   F# 3

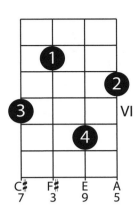

C# 7   F# 3   E 9   A 5   VI

D

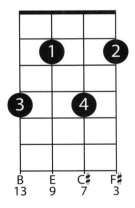

E 9   D R   F# 3   C# 7   IX

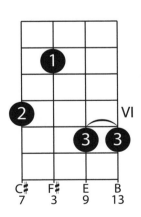

F# 3   D R   E 9   C# 7   XI

Dmaj13

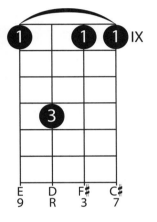

B 13   E 9   C# 7   F# 3

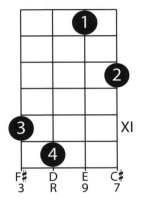

C# 7   F# 3   E 9   B 13   VI

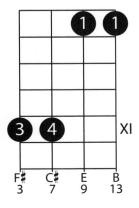

F# 3   C# 7   E 9   B 13   XI

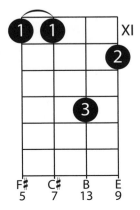

F# 5   C# 7   B 13   E 9   XI

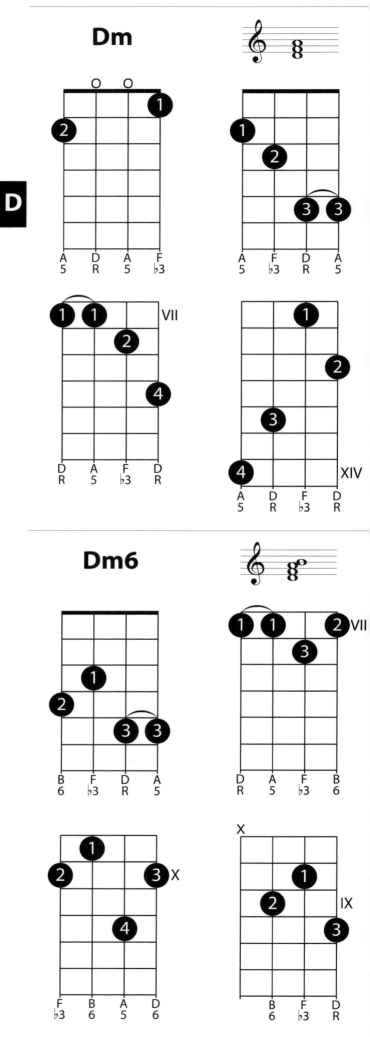

Dm7

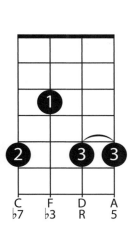

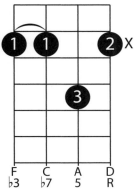

Dm(maj7)

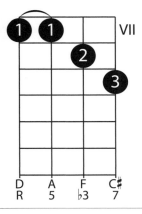

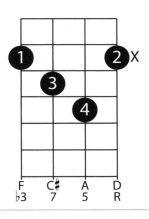

Dm9

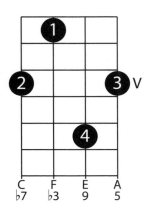

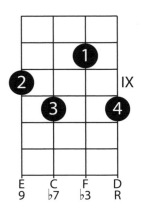

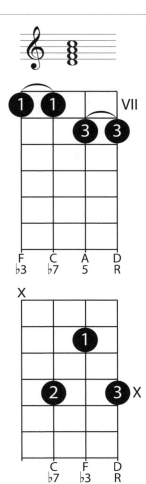

D

Dm11

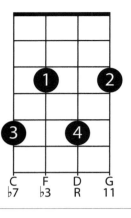

C	F	D	G
♭7	♭3	R	11

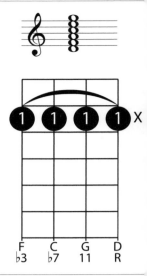

F	C	G	D
♭3	♭7	11	R

Dm13

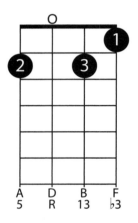

A	D	B	F
5	R	13	♭3

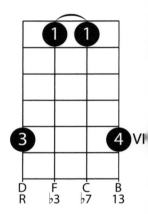

D	F	C	B
R	♭3	♭7	13

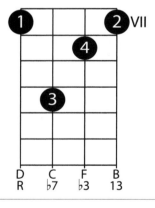

D	C	F	B
R	♭7	♭3	13

Dm7♭5

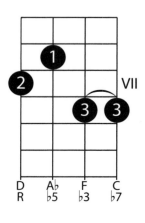

D	A♭	F	C
R	♭5	♭3	♭7

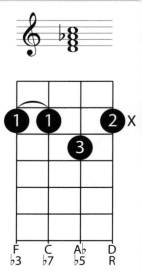

F	C	A♭	D
♭3	♭7	♭5	R

Dm7♭5

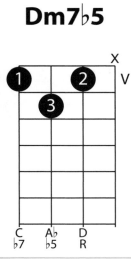

C ♭7   A♭ ♭5   D R

D°7

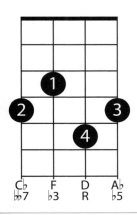

C♭ ♭♭7   F ♭3   D R   A♭ ♭5

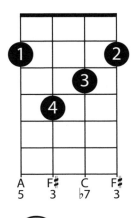

D R   A♭ ♭5   F ♭3   C♭ ♭♭7

D7

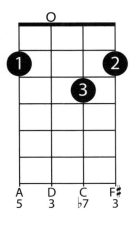

A 5   D 3   C ♭7   F♯ 3

A 5   F♯ 3   C ♭7   F♯ 3

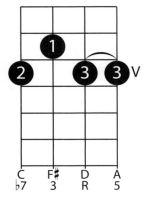

C ♭7   F♯ 3   D R   A 5

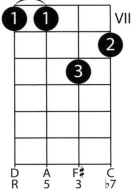

D R   A 5   F♯ 3   C ♭7

D

D7

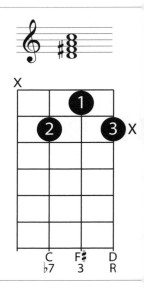

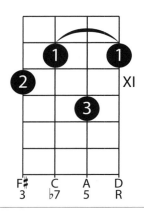

F♯ C A D
3 ♭7 5 R

C F♯ D
♭7 3 R

D7sus4

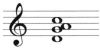

A D C G
5 R ♭7 4

C G D A
♭7 4 R 5

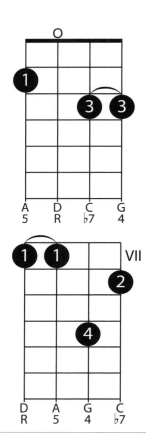

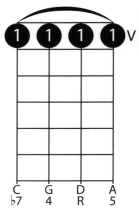

D A G C
R 5 4 ♭7

G C A D
4 ♭7 5 R

D7♭5

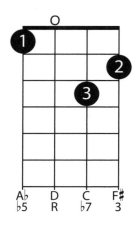

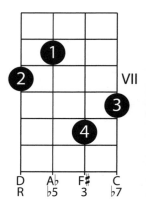

A♭ D C F♯
♭5 R ♭7 3

D A♭ F♯ C
R ♭5 3 ♭7

D7♭5

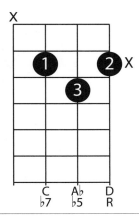

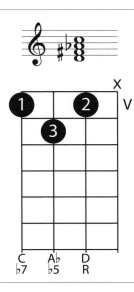

D7+

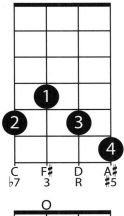

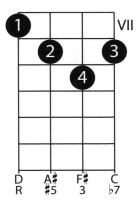

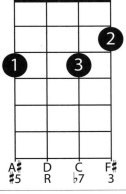

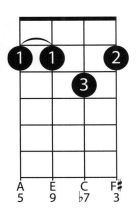

D9

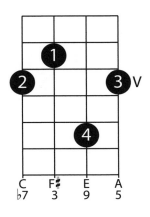

D9

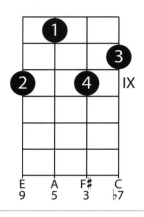

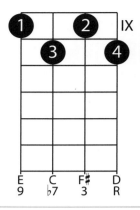

E A F# C
9 5 3 b7

E C F# D
9 b7 3 R

D9sus4

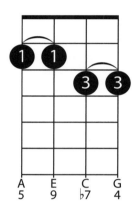

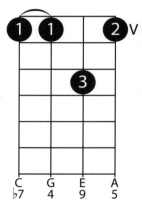

A E C G
5 9 b7 4

C G E A
b7 4 9 5

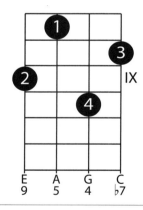

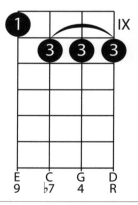

E A G C
9 5 4 b7

E C G D
9 b7 4 R

D9b5

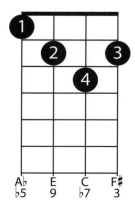

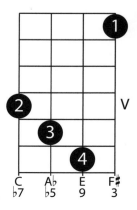

Ab E C F#
b5 9 b7 3

C Ab E F#
b7 b5 9 3

D9♭5

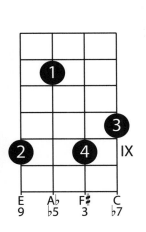

E   A♭   F#   C
9   ♭5   3   ♭7

D

D9+

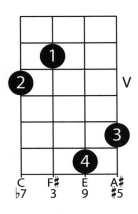

C   F#   E   A#
♭7   3   9   #5

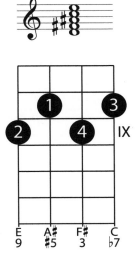

E   A#   F#   C
9   #5   3   ♭7

D13

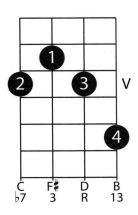

C   F#   D   B
♭7   3   R   13

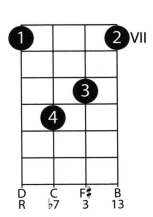

D   C   F#   B
R   ♭7   3   13

E♭

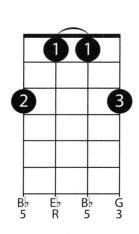

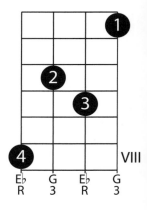

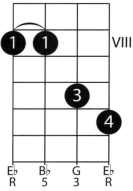

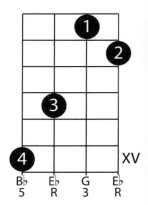

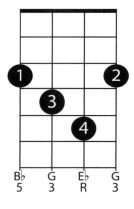

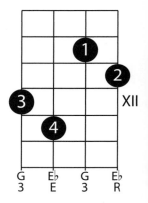

Ebsus4

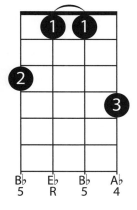

Bb	Eb	Bb	Ab
5	R	5	4

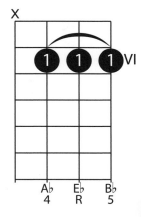

X

VI

Ab	Eb	Bb
4	R	5

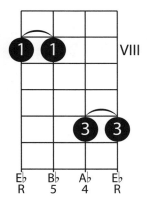

VIII

Eb	Bb	Ab	Eb
R	5	4	R

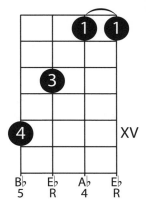

XV

Bb	Eb	Ab	Eb
5	R	4	R

Eb

Eb6

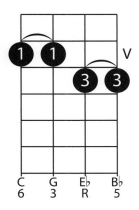

V

C	G	Eb	Bb
6	3	R	5

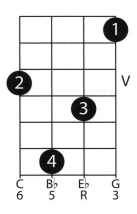

V

C	Bb	Eb	G
6	5	R	3

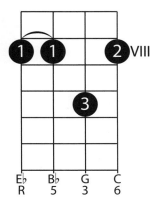

VIII

Eb	Bb	G	C
R	5	3	6

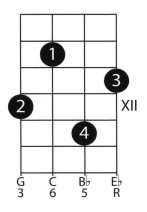

XII

G	C	Bb	Eb
3	6	5	R

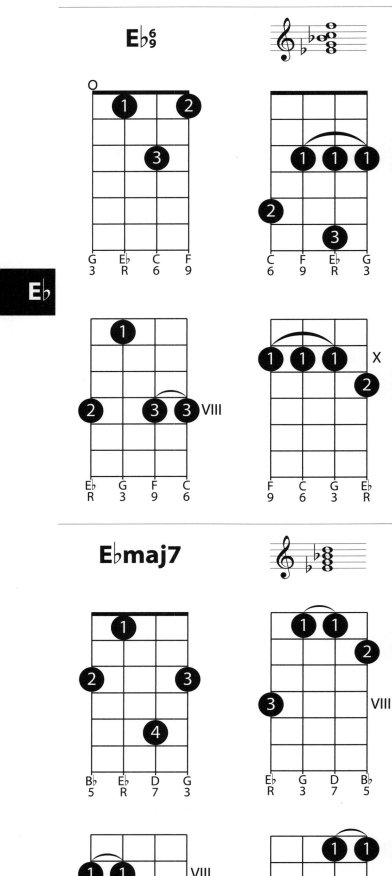

E♭⁶₉

E♭maj7

E♭maj9

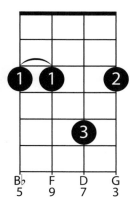

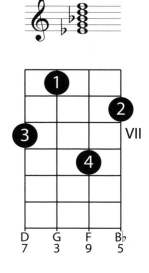

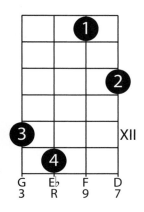

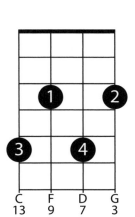

E♭

E♭maj13

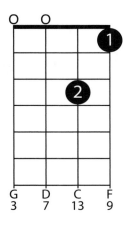

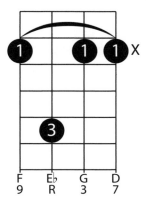

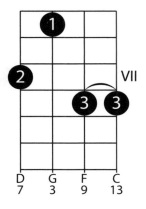

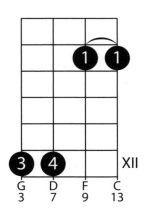

E♭m

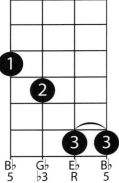

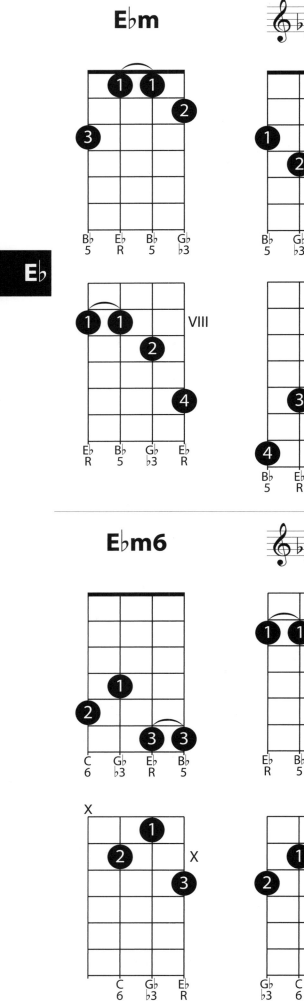

E♭

B♭	E♭	B♭	G♭
5	R	5	♭3

B♭	G♭	E♭	B♭
5	♭3	R	5

VIII

E♭	B♭	G♭	E♭
R	5	♭3	R

XV

B♭	E♭	G♭	E♭
5	R	♭3	R

E♭m6

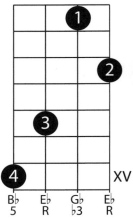

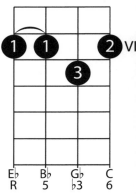

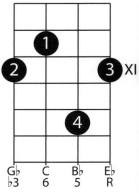

C	G♭	E♭	B♭
6	♭3	R	5

VI

E♭	B♭	G♭	C
R	5	♭3	6

X

X

C	G♭	E♭
6	♭3	R

XI

G♭	C	B♭	E♭
♭3	6	5	R

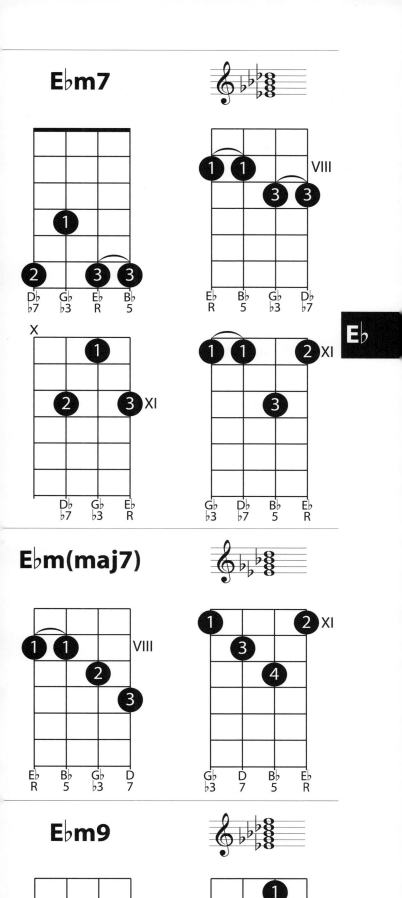

E♭m7

E♭m(maj7)

E♭m9

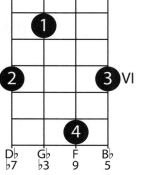

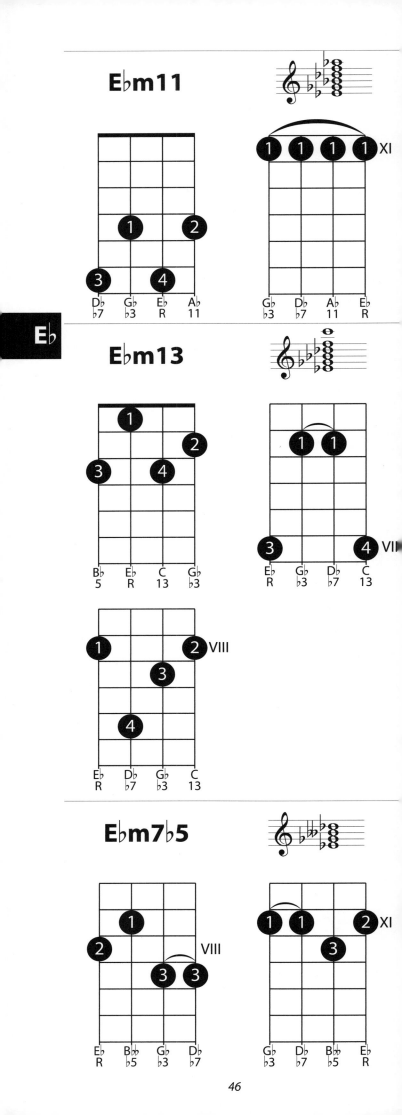

E♭m11

D♭	G♭	E♭	A♭
♭7	♭3	R	11

G♭	D♭	A♭	E♭
♭3	♭7	11	R

XI

E♭m13

B♭	E♭	C	G♭
5	R	13	♭3

E♭	G♭	D♭	C
R	♭3	♭7	13

VII

E♭	D♭	G♭	C
R	♭7	♭3	13

VIII

E♭m7♭5

E♭	B♭♭	G♭	D♭
R	♭5	♭3	♭7

VIII

G♭	D♭	B♭♭	E♭
♭3	♭7	♭5	R

XI

E♭m7♭5

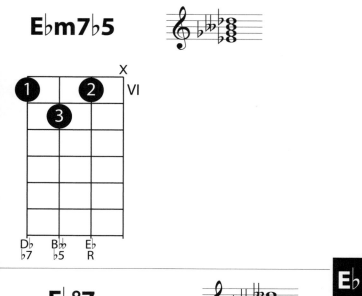

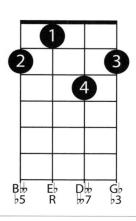

E♭°7

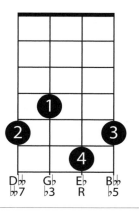

E♭7

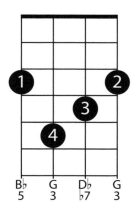

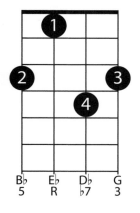

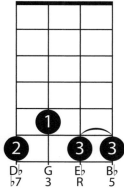

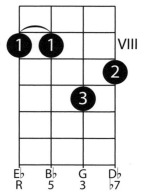

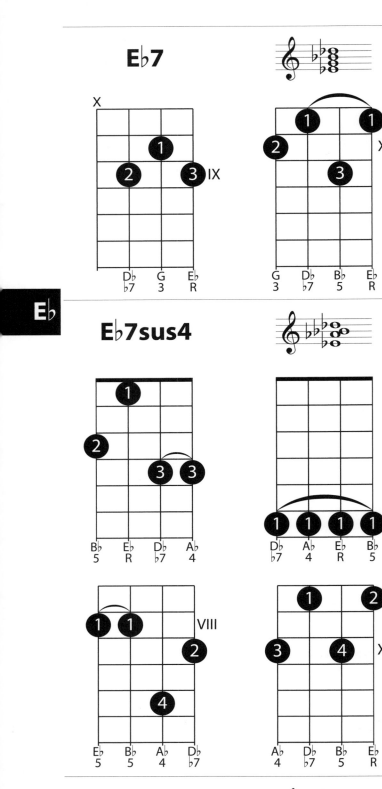

E♭7

E♭7sus4

E♭7♭5

E♭7♭5

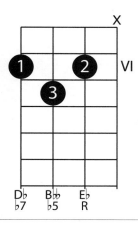

D♭	B♭♭	E♭
♭7	♭5	R

D♭	B♭♭	E♭
♭7	♭5	R

E♭7+

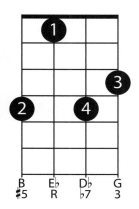

B	E♭	D♭	G
#5	R	♭7	3

D♭	G	E♭	B
♭7	3	R	#5

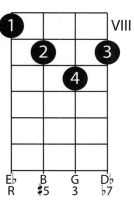

E♭	B	G	D♭
R	#5	3	♭7

E♭9

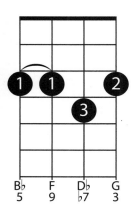

B♭	F	D♭	G
5	9	♭7	3

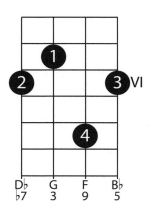

D♭	G	F	B♭
♭7	3	9	5

49

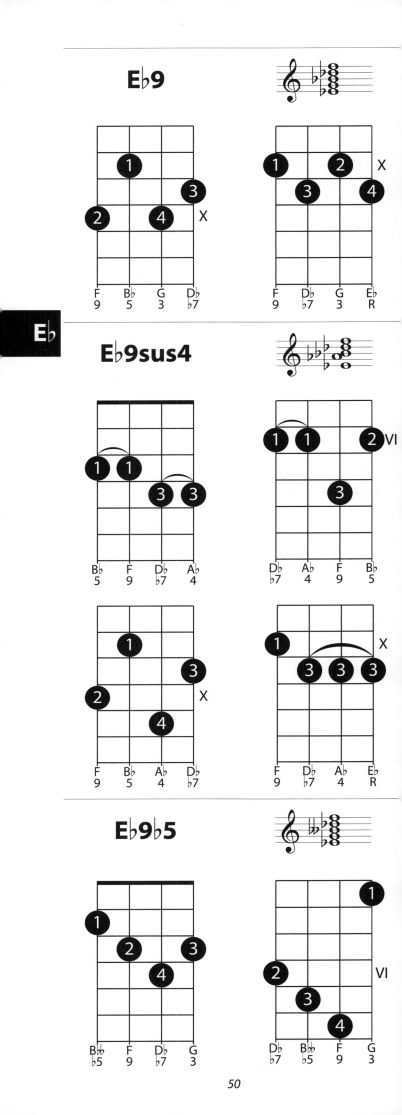

Eb9

Eb9sus4

Eb9b5

Eb9b5

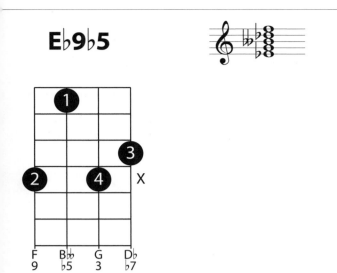

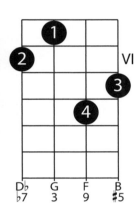

F	Bbb	G	Db
9	b5	3	b7

X

Eb

Eb9+

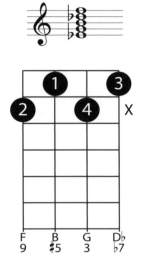

VI

Db	G	F	B
b7	3	9	#5

X

F	B	G	Db
9	#5	3	b7

Eb13

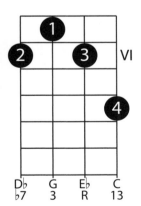

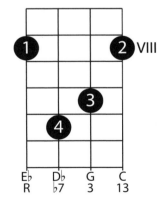

VI

VIII

Db	G	Eb	C
b7	3	R	13

Eb	Db	G	C
R	b7	3	13

E

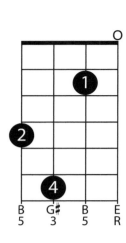

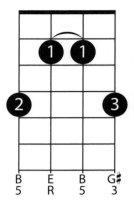

B G# B E
5 3   5 R

B E B G#
5 R 5 3

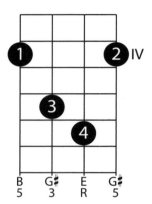

IV

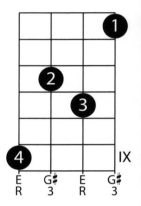

IX

B G# E G#
5 3   R 5

E G# E G#
R 3   R 3

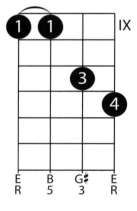

IX

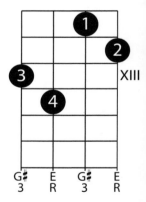

XIII

E B G# E
R 5 3   R

G# E G# E
3   R 3   R

52

Esus4

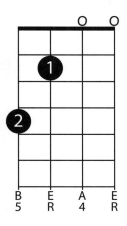

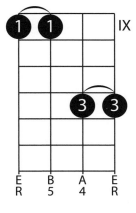

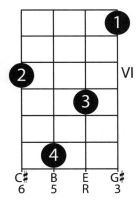

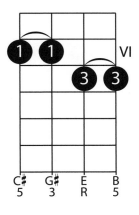

E6

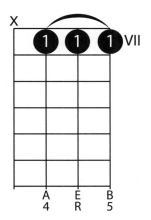

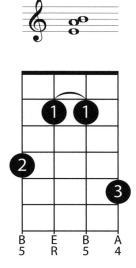

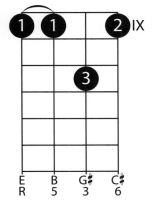

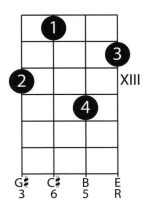

E

E$^6_9$

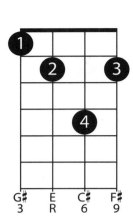

G#	E	C#	F#
3	R	6	9

C#	F#	E	G#
6	9	R	3

E	G#	F#	G#
R	3	9	6

F#	C#	G#	E
9	6	3	R

Emaj7

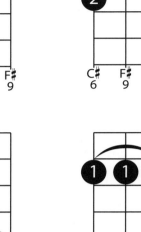

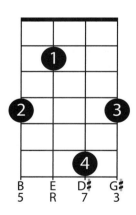

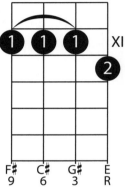

B	E	D#	G#
5	R	7	3

E	G#	D#	B
R	3	7	5

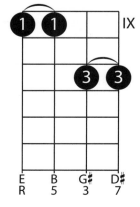

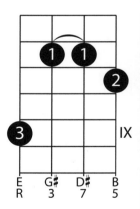

E	B	G#	D#
R	5	3	7

B	E	G#	D#
5	R	3	7

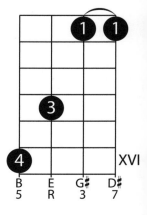

E

Emaj9

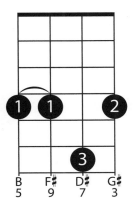

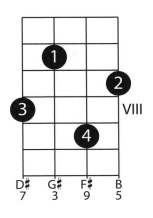

B 5 · F# 9 · D# 7 · G# 3

D# 7 · G# 3 · F# 9 · B 5 · VIII

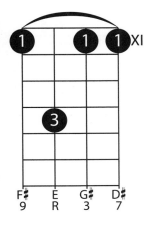

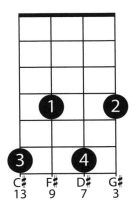

F# 9 · E R · G# 3 · D# 7 · XI

G# 3 · E R · F# 9 · D# 7 · XIII

E

Emaj13

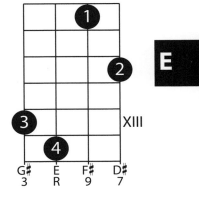

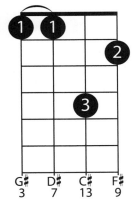

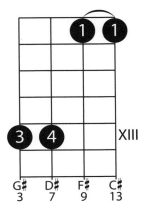

G# 3 · D# 7 · C# 13 · F# 9

C# 13 · F# 9 · D# 7 · G# 3

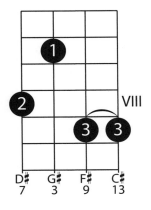

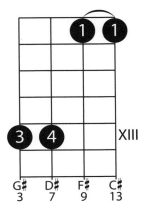

D# 7 · G# 3 · F# 9 · C# 13 · VIII

G# 3 · D# 7 · F# 9 · C# 13 · XIII

Em

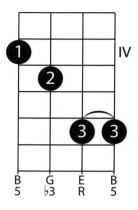

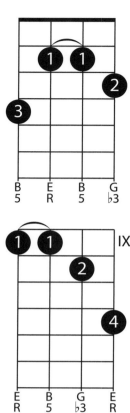

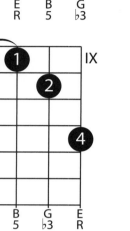

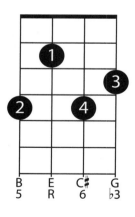

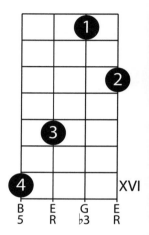

Em6

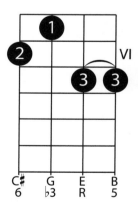

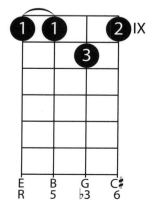

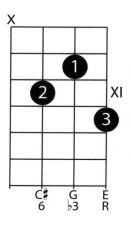

Em7

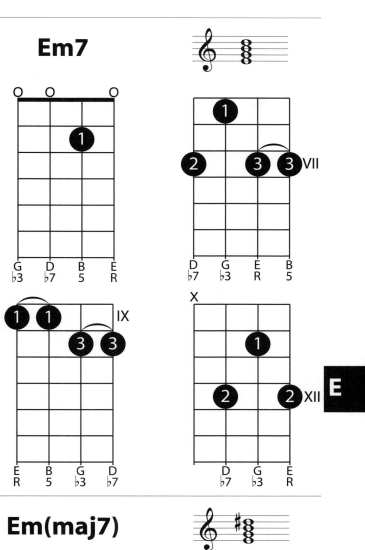

Em(maj7)

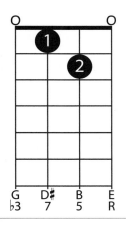
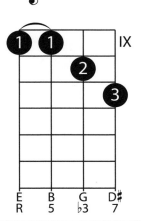

Em9

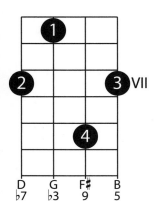
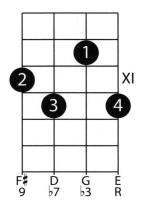

Em11

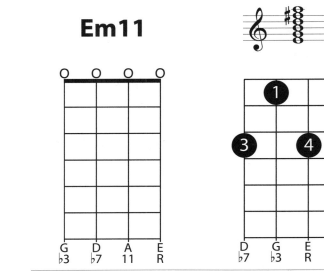

G **D** **A** **E**
b3   b7   11   R

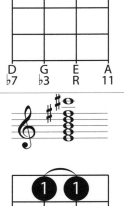

VII

D **G** **E** **A**
b7   b3   R   11

Em13

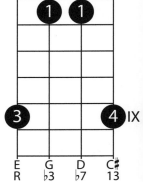

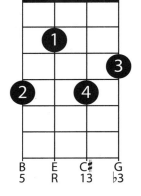

B **E** **C#** **G**
5   R   13   b3

IX

E **G** **D** **C#**
R   b3   b7   13

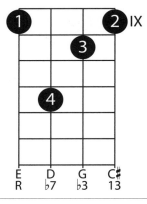

IX

E **D** **G** **C#**
R   b7   b3   13

Em7b5

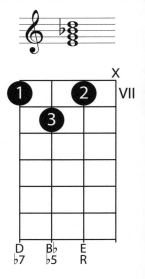

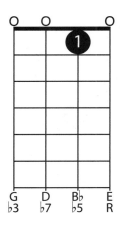

G **D** **Bb** **E**
b3   b7   b5   R

X
VII

D **Bb** **E**
b7   b5   R

E

Em7♭5

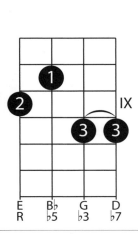

E
R | B♭
♭5 | G
♭3 | D
♭7

E°7

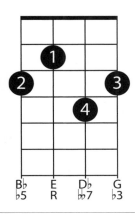

B♭
♭5 | E
R | D♭
♭♭7 | G
♭3

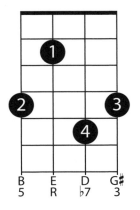

D♭
♭♭7 | G
♭3 | E
R | B♭
♭5

E7

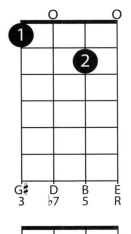

G♯
3 | D
♭7 | B
5 | E
R

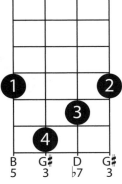

B
5 | E
R | D
♭7 | G♯
3

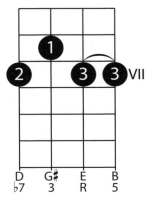

B
5 | G♯
3 | D
♭7 | G♯
3

D
♭7 | G♯
3 | E
R | B
5

E

E7

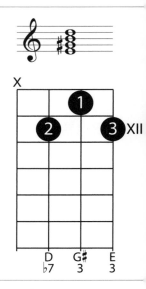

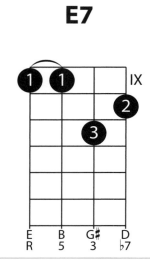

E	B	G#	D
R	5	3	♭7

	D	G#	E
	♭7	3	3

E7sus4

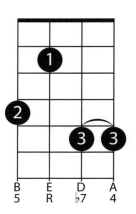

A	D	B	E
4	♭7	5	R

B	E	D	A
5	R	♭7	4

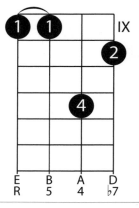

D	A	E	B
♭7	4	R	5

E	B	A	D
R	5	4	♭7

E7♭5

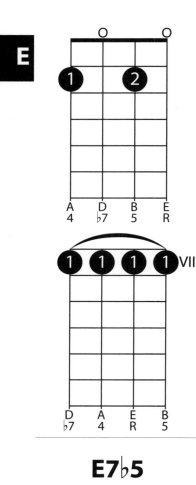

B♭	E	D	G#
♭5	R	♭7	3

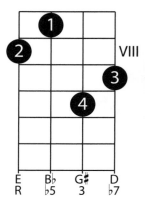

E	B♭	G#	D
R	♭5	3	♭7

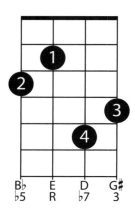

E7♭5

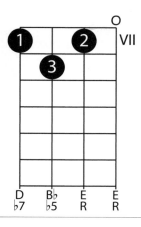

D	B♭	E	E
♭7	♭5	R	R

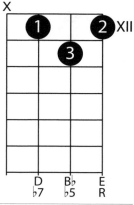

D	B♭	E
♭7	♭5	R

E7+

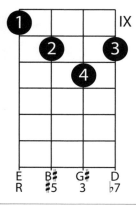

B#	E	D	G#
#5	R	♭7	3

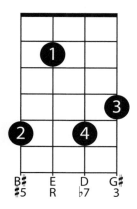

D	G#	E	B#
♭7	3	R	#5

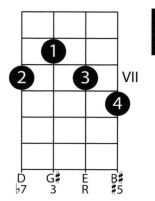

E	B#	G#	D
R	#5	3	♭7

E9

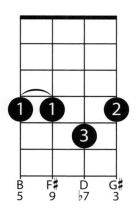

B	F#	D	G#
5	9	♭7	3

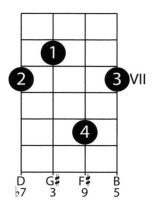

D	G#	F#	B
♭7	3	9	5

E9

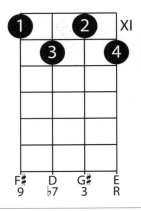

F#	B	G#	D
9	5	3	b7

XI

F#	D	G#	E
9	b7	3	R

XI

E9sus4

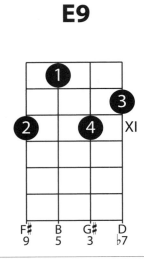

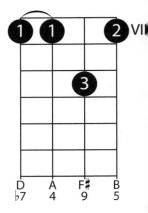

B	F#	D	A
5	9	b7	4

D	A	F#	B
b7	4	9	5

VII

F#	B	G#	D
9	5	3	b7

XI

F#	D	A	E
9	b7	4	R

XI

E

E9b5

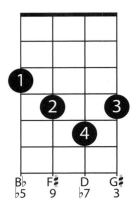

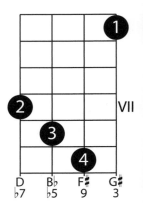

Bb	F#	D	G#
b5	9	b7	3

D	Bb	F#	G#
b7	b5	9	3

VII

E9♭5

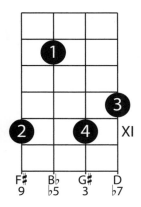

F#	B♭	G#	D
9	♭5	3	♭7

XI

E9+

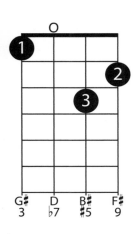

G#	D	B#	F#
3	♭7	#5	9

D	G#	F#	B#
♭7	3	9	#5

VII

E

E13

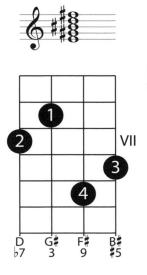

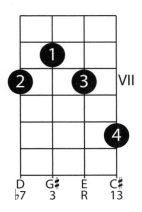

D	G#	E	C#
♭7	3	R	13

VII

E	D	G#	C#
R	♭7	3	13

IX

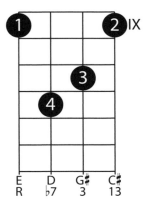

F

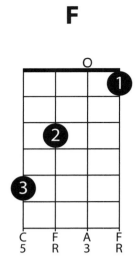
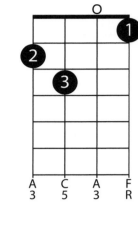

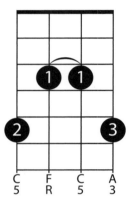
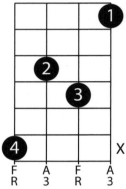

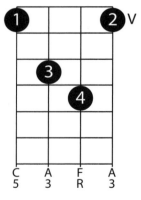
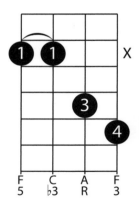

Fsus4

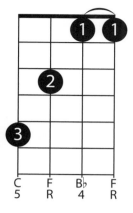

C   F   Bb F
5   R   4   R

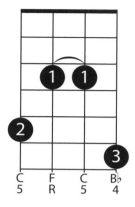

C   F   C   Bb
5   R   5   4

X

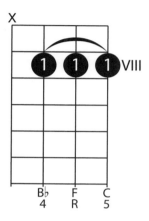

VIII

Bb F   C
4   R   5

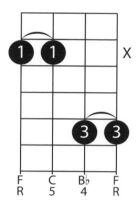

X

F   C   Bb F
R   5   4   R

F

F6

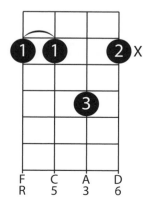

O

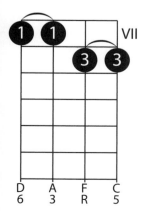

A   D   C   F
3   6   5   R

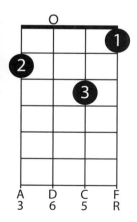

VII

D   C   F   A
6   5   R   3

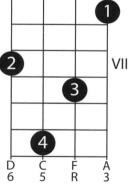

VII

D   A   F   C
6   3   R   5

F   C   A   D
R   5   3   6

X

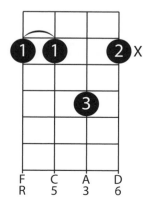

F⁶₉

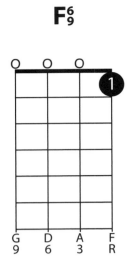

G	D	A	F
9	6	3	R

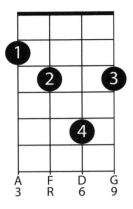

A	F	D	G
3	R	6	9

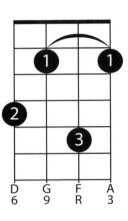

D	G	F	A
6	9	R	3

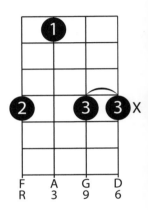

F	A	G	D
R	3	9	6

F

Fmaj7

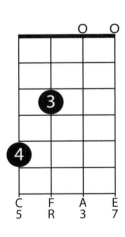

C	F	A	E
5	R	3	7

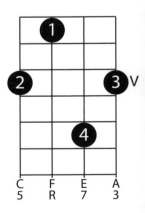

C	F	E	A
5	R	7	3

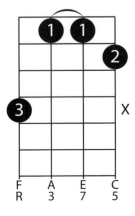

F	A	E	C
R	3	7	5

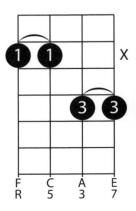

F	C	A	E
R	5	3	7

Fmaj9

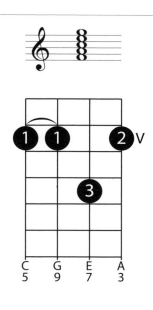

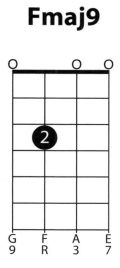

G   F   A   E
9   R   3   7

C   G   E   A
5   9   7   3

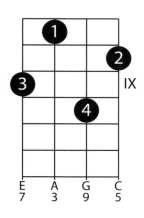

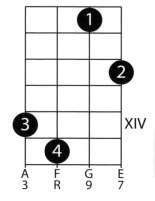

E   A   G   C
7   3   9   5

A   F   G   E
3   R   9   7

F

Fmaj13

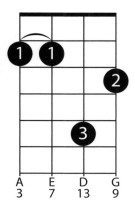

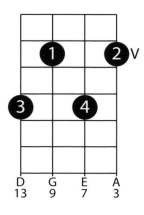

A   E   D   G
3   7   13   9

D   G   E   A
13   9   7   3

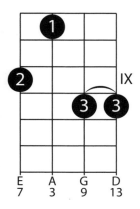

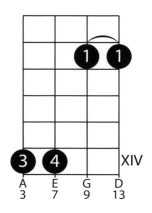

E   A   G   D
7   3   9   13

A   E   G   D
3   7   9   13

Fm

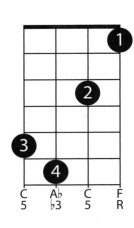

C	A♭	C	F
5	♭3	5	R

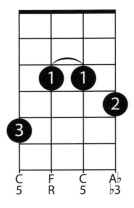

C	F	C	A♭
5	R	5	♭3

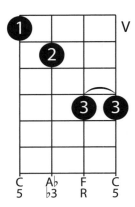

V

C	A♭	F	C
5	♭3	R	5

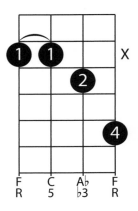

X

F	C	A♭	F
R	5	♭3	R

F

Fm6

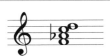

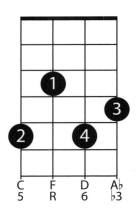

C	F	D	A♭
5	R	6	♭3

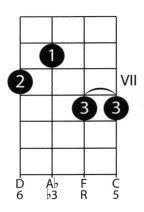

VII

D	A♭	F	C
6	♭3	R	5

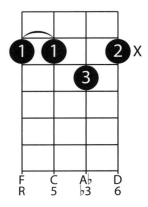

X

F	C	A♭	D
R	5	♭3	6

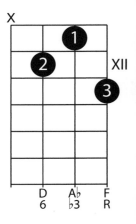

X

XII

	D	A♭	F
	6	♭3	R

Fm7

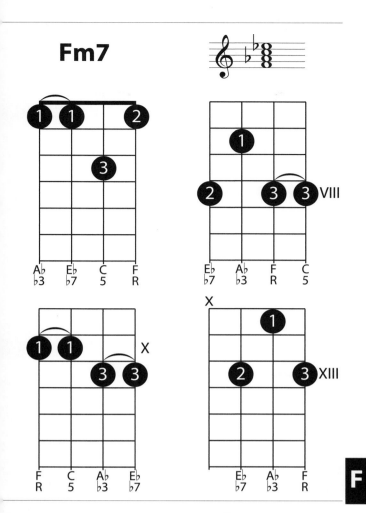

Ab	Eb	C	F
b3	b7	5	R

Eb	Ab	F	C
b7	b3	R	5

VIII

X

F	C	Ab	Eb
R	5	b3	b7

X

Eb	Ab	F
b7	b3	R

XIII

F

Fm(maj7)

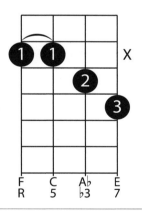

Ab	E	C	F
b3	7	5	R

X

F	C	Ab	E
R	5	b3	7

Fm9

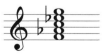

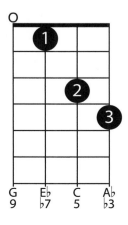
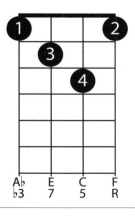
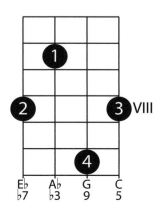

O

G	Eb	C	Ab
9	b7	5	b3

Eb	Ab	G	C
b7	b3	9	5

VIII

Fm11

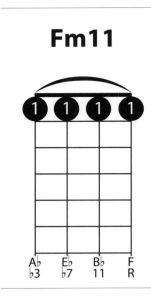

Ab	Eb	Bb	F
b3	b7	11	R

Eb	Ab	F	Bb
b7	b3	R	5

VIII

Fm13

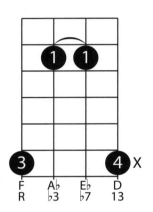

F	Ab	Eb	D
R	b3	b7	13

F	Eb	Ab	D
R	b7	b3	13

X

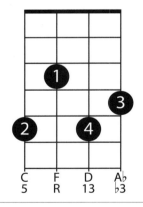

C	F	D	Ab
5	R	13	b3

F

Fm7b5

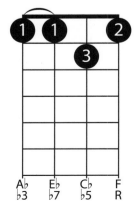

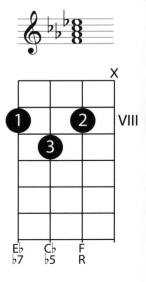

Ab	Eb	Cb	F
b3	b7	b5	R

Eb	Cb	F
b7	b5	R

X

VIII

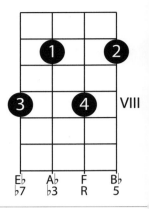

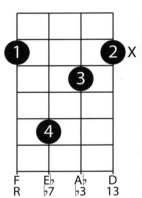

Fm7♭5

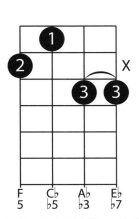

F	C♭	A♭	E♭
5	♭5	♭3	♭7

F°7

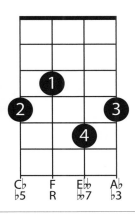

C♭	F	E♭♭	A♭
♭5	R	♭♭7	♭3

E♭♭	A♭	F	C♭
♭♭7	♭3	R	♭5

VII

F7

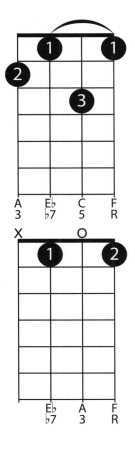

A	E♭	C	F
3	♭7	5	R

C	F	E♭	A
5	R	♭7	3

X   O

	E♭	A	F
	♭7	3	R

V

C	A	E♭	A
5	3	♭7	3

F

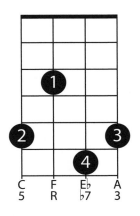
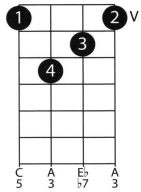

F7

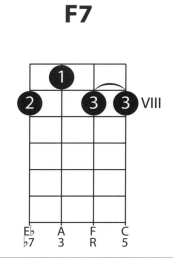

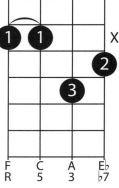

Eb	A	F	C
b7	3	R	5

F	C	A	Eb
R	5	3	b7

VIII

X

F7sus4

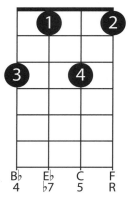

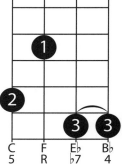

Bb	Eb	C	F
4	b7	5	R

C	F	Eb	Bb
5	R	b7	4

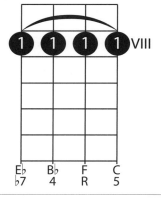

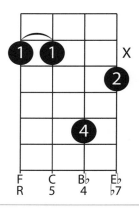

Eb	Bb	F	C
b7	4	R	5

F	C	Bb	Eb
R	5	4	b7

VIII

X

F7b5

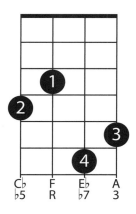

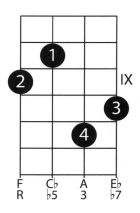

Cb	F	Eb	A
b5	R	b7	3

F	Cb	A	Eb
R	b5	3	b7

IX

F7♭5

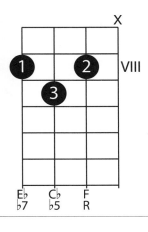

E♭	C♭	F
♭7	♭5	R

E♭	C♭	F
♭7	♭5	R

F7+

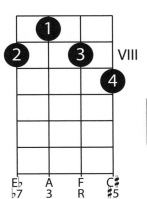

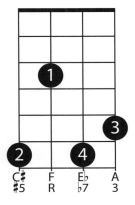

C#	F	E♭	A
#5	R	♭7	3

E♭	A	F	C#
♭7	3	R	#5

F

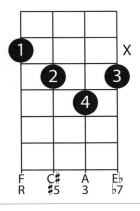

F	C#	A	E♭
R	#5	3	♭7

F9

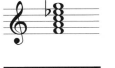

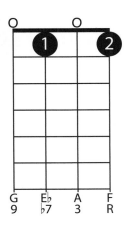

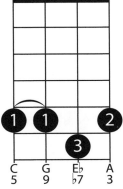

G	E♭	A	F
9	♭7	3	R

C	G	E♭	A
5	9	♭7	3

73

F9

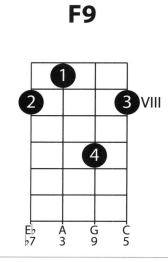

Eb	A	G	C
b7	3	9	5

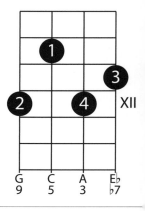

G	C	A	Eb
9	5	3	b7

F9sus4

G	Eb	Bb	F
9	b7	4	R

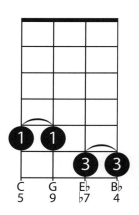

C	G	Eb	Bb
5	9	b7	4

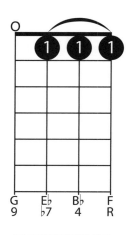

Eb	Bb	G	C
b7	4	9	5

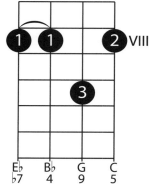

G	C	Bb	Eb
9	5	4	b7

F9b5

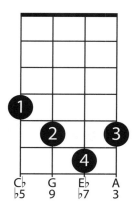

Cb	G	Eb	A
b5	9	b7	3

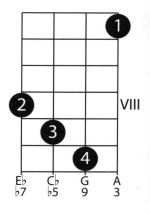

Eb	Cb	G	A
b7	b5	9	3

F

74

F9b5

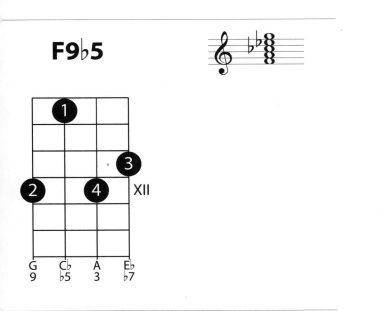

```
G    Cb   A    Eb
9    b5   3    b7
```

F9+

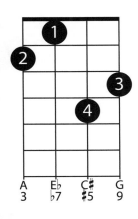

```
A    Eb   C#   G
3    b7   #5   9
```

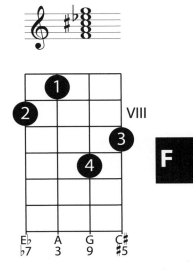

```
Eb   A    G    C#
b7   3    9    #5
```

F

F13

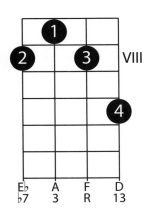

```
Eb   A    F    D
b7   3    R    13
```

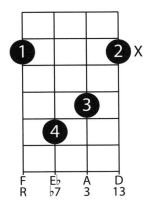

```
F    Eb   A    D
R    b7   3    13
```

F♯

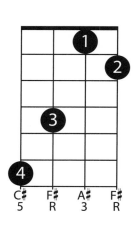

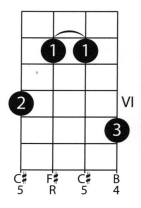

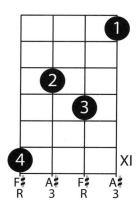

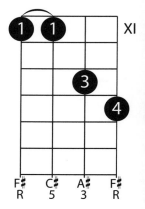

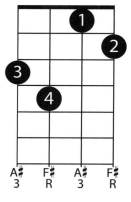

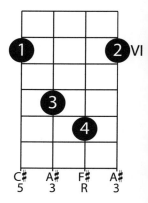

F#sus4

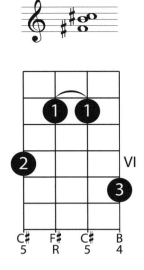

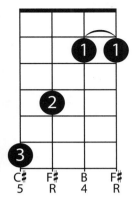

C# F# B F#
5 R 4 R

VI

C# F# C# B
5 R 5 4

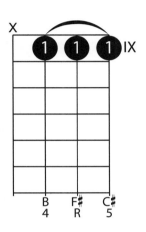

X

IX

B F# C#
4 R 5

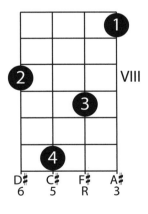

XI

F# C# B F#
R 5 4 R

F#6

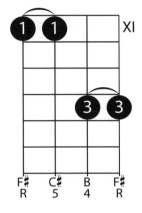

F#

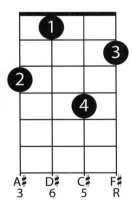

A# D# C# F#
3 6 5 R

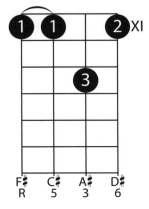

VIII

D# C# F# A#
6 5 R 3

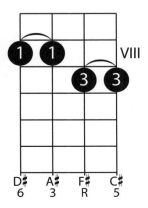

VIII

D# A# F# C#
6 3 R 5

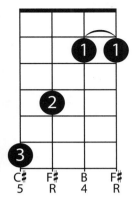

XI

F# C# A# D#
R 5 3 6

77

F#⁶₉

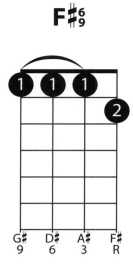

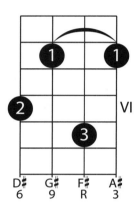

F#maj7

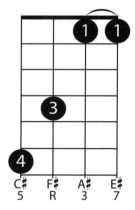

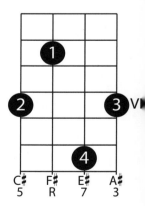

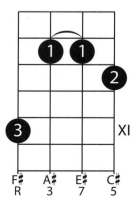

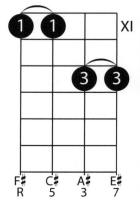

F#maj9

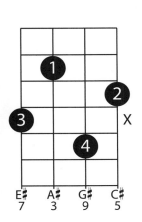

G# F# A# E#
9 R 3 7

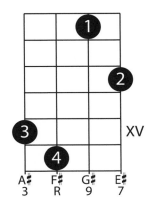

C# G# E# A# VI
5 9 7 3

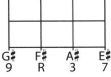

E# A# G# C# X
7 3 9 5

A# F# G# E# XV
3 R 9 7

F#maj13

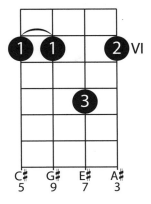

F#

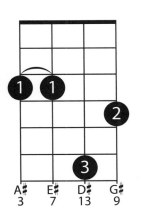

A# E# D# G#
3 7 13 9

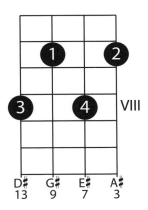

D# G# E# A# VIII
13 9 7 3

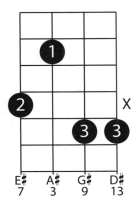

E# A# G# D# X
7 3 9 13

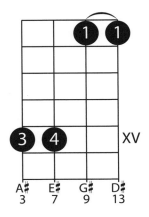

A# E# G# D# XV
3 7 9 13

F#m

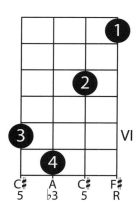

C# A C# F#
5 b3 5 R

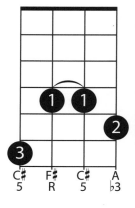

C# F# C# A
5 R 5 b3

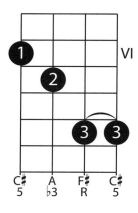

C# A F# C#
5 b3 R 5

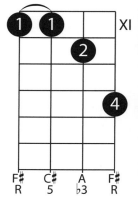

XI

F# C# A F#
R 5 b3 R

F#m6

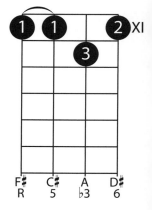

X   O

D# A F#
6 b3 R

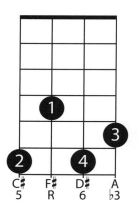

C# F# D# A
5 R 6 b3

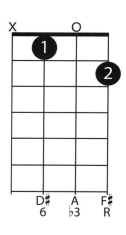

VIII

D# A F# C#
6 b3 R 5

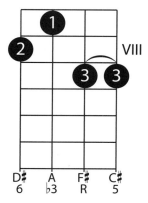

XI

F# C# A D#
R 5 b3 6

F#m7

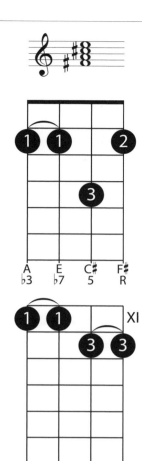

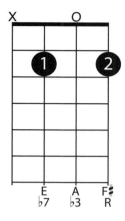

E A F#
b7 b3 R

A E C# F#
b3 b7 5 R

E A F# C#
b7 b3 R 5

F# C# A E
R 5 b3 b7

F#m(maj7)

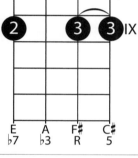

A E# C# F#
b3 7 5 R

F# C# A E#
R 5 b3 7

F#m9

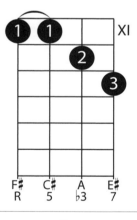

G# E A F#
9 b7 b3 R

E A G# C#
b7 b3 9 5

F#

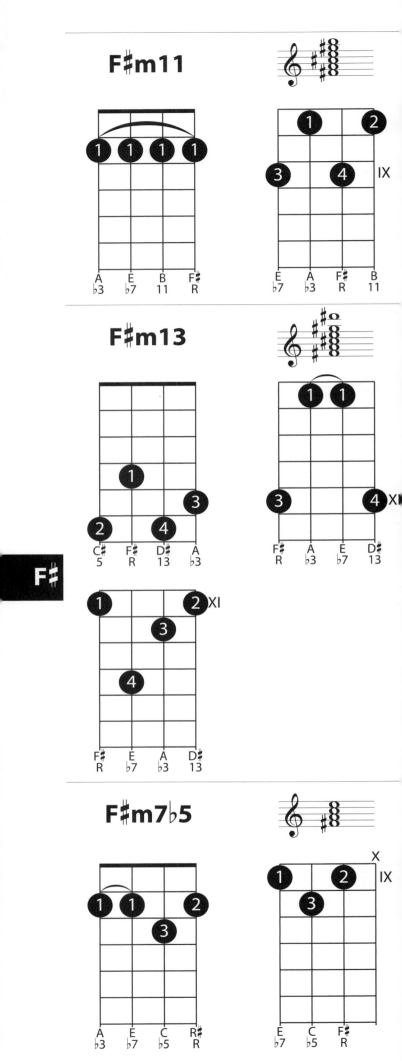

F#m11

F#m13

F#m7b5

F#

F#m7♭5

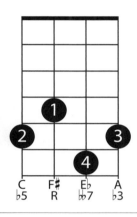

XI

F#	C	A	E
R	♭5	♭3	♭7

F#°7

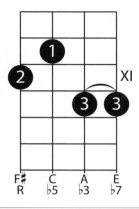

C	F#	E♭	A
♭5	R	♭♭7	♭3

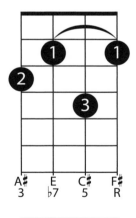

VII

E♭	A	F#	C
♭♭7	♭3	R	♭5

F#

F#7

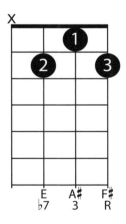

X

E	A#	F#
♭7	3	R

A#	E	C#	F#
3	♭7	5	R

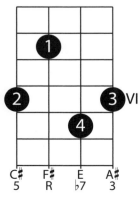

VI

C#	F#	E	A#
5	R	♭7	3

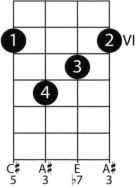

VI

C#	A#	E	A#
5	3	♭7	3

F#7

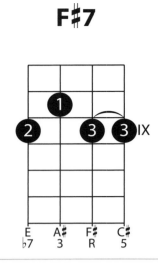

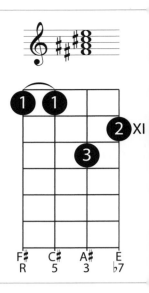

E	A#	F#	C#
b7	3	R	5

F#	C#	A#	E
R	5	3	b7

IX

XI

F#7sus4

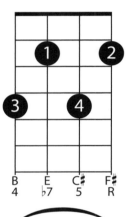

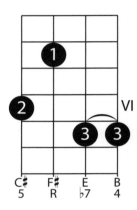

B	E	C#	F#
4	b7	5	R

VI

C#	F#	E	B
5	R	b7	4

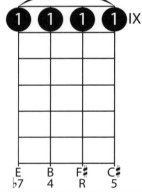

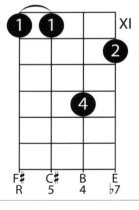

IX

E	B	F#	C#
b7	4	R	5

XI

F#	C#	B	E
R	5	4	b7

F#7b5

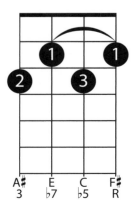

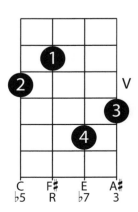

A#	E	C	F#
3	b7	b5	R

V

C	F#	E	A#
b5	R	b7	3

F#7♭5

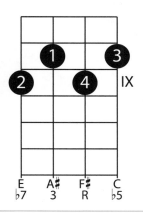

F#7+

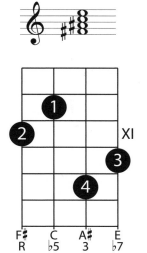

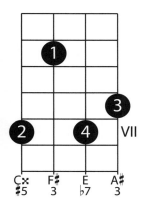

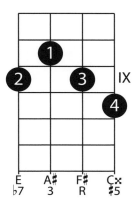

F#

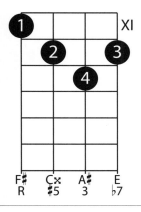

F#9

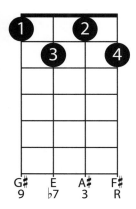

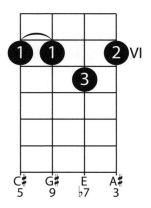

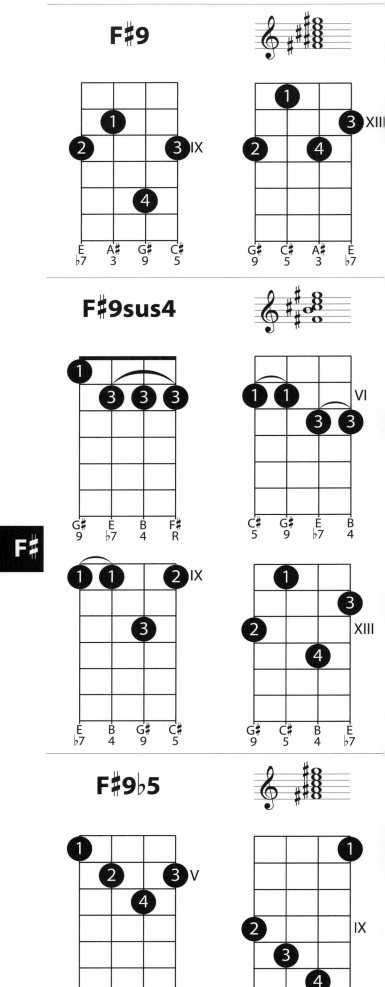

F#9♭5

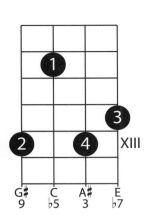

G# C   A# E
9   ♭5 3   ♭7

XIII

F#9+

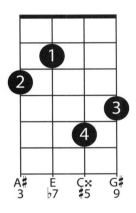

A# E   C× G#
3   ♭7 #5 9

E   A# G# C×
♭7 3   9   #5

IX

F#13

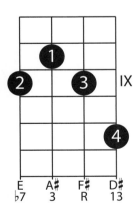

E   A# F# D#
♭7 3   R   13

IX

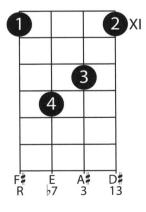

F# E   A# D#
R   ♭7 3   13

XI

F#

87

G

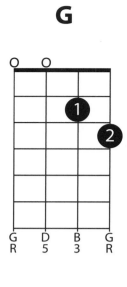

G	D	B	G
R	5	3	R

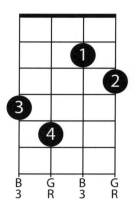

B	G	B	G
3	R	3	R

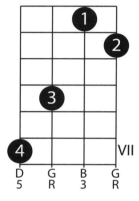

D	G	B	G
5	R	3	R

VII

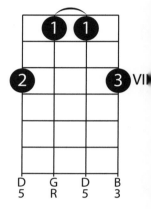

D	G	D	B
5	R	5	3

VII

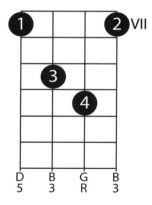

VII

D	B	G	B
5	3	R	3

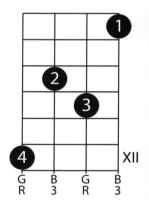

G	B	G	B
R	3	R	3

XII

G

Gsus4

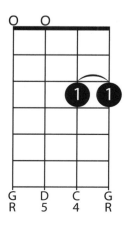

G	D	C	G
R	5	4	R

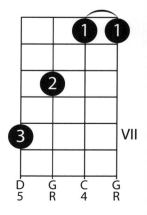

VII

D	G	C	G
5	R	4	R

Gsus4

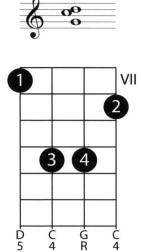

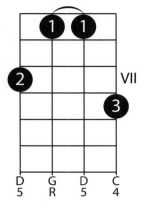

D G D C
5 R 5 4

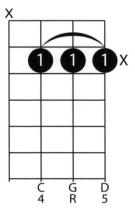

VII

D C G C
5 4 R 4

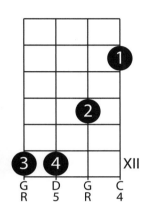

G D G C
R 5 R 4

XII

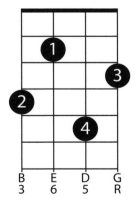

X

C G D
4 R 5

X

G6

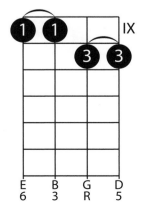

O O O

G D B E
R 5 3 6

B E D G
3 6 5 R

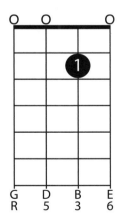

IX

E D G B
6 5 R 3

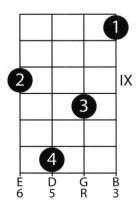

E B G D
6 3 R 5

IX

G

89

G⁶₉

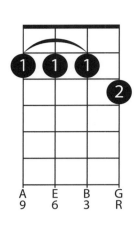

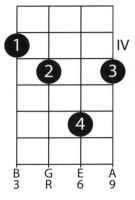

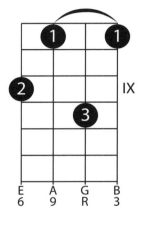

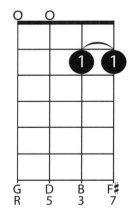

Gmaj7

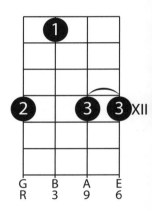

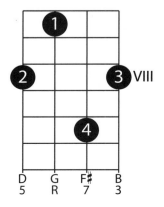

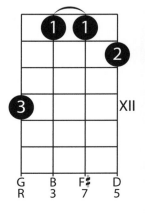

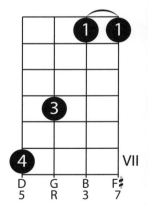

Gmaj9

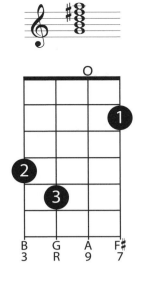

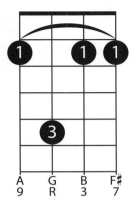

A | G | B | F#
9 | R | 3 | 7

B | G | A | F#
3 | R | 9 | 7

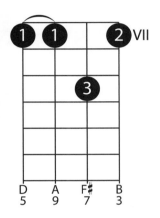

VII

D | A | F# | B
5 | 9 | 7 | 3

XI

F# | B | A | D
7 | 3 | 9 | 5

Gmaj13

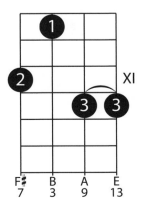

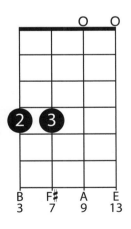

B | F# | A | E
3 | 7 | 9 | 13

IV

B | F# | E | A
3 | 7 | 13 | 9

G

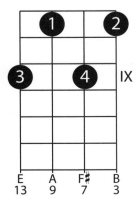

IX

E | A | F# | B
13 | 9 | 7 | 3

XI

F# | B | A | E
7 | 3 | 9 | 13

Gm

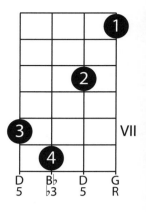

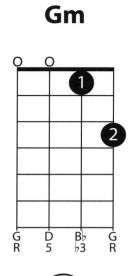

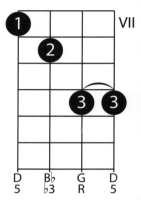

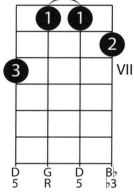

Gm6

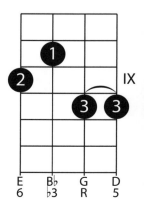

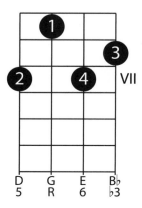

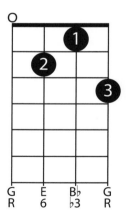

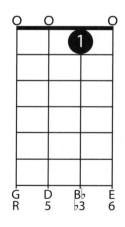

Gm7

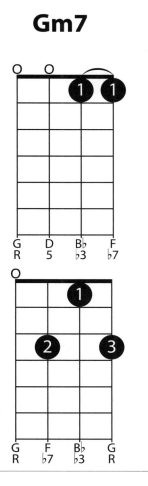

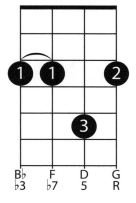

G	D	B♭	F
R	5	♭3	♭7

B♭	F	D	G
♭3	♭7	5	R

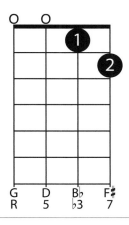

G	F	B♭	G
R	♭7	♭3	R

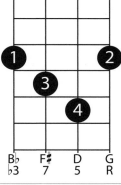

F	B♭	G	D
♭7	♭3	R	5

Gm(maj7)

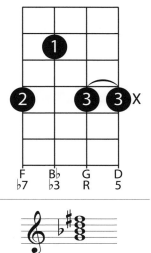

G	D	B♭	F#
R	5	♭3	7

B♭	F#	D	G
♭3	7	5	R

G

Gm9

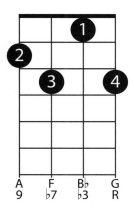

A	F	B♭	G
9	♭7	♭3	R

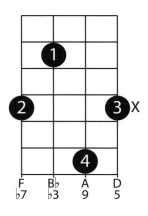

F	B♭	A	D
♭7	♭3	9	5

Gm11

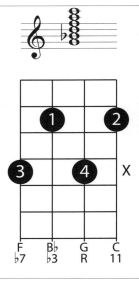

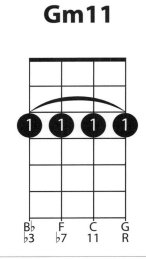

Bb	F	C	G
b3	b7	11	R

F	Bb	G	C
b7	b3	R	11

X

Gm13

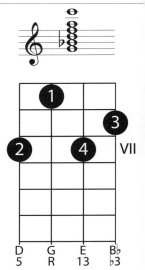

G	F	Bb	E
R	b7	b3	13

D	G	E	Bb
5	R	13	b3

VII

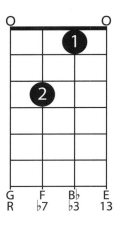

G	Bb	F	E
R	b3	b7	13

XII

Gm7b5

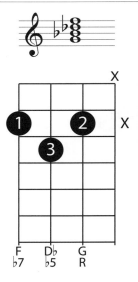

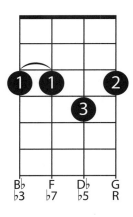

Bb	F	Db	G
b3	b7	b5	R

F	Db	G
b7	b5	R

X
X

Gm7♭5

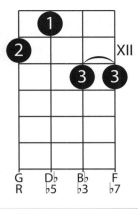

G
R D♭
   ♭5 B♭
       ♭3 F
           ♭7

G°7

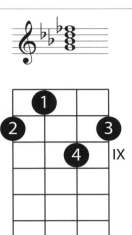
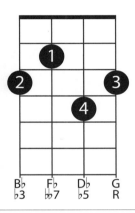
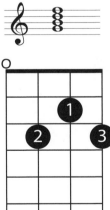

B♭
♭3 F♭
    ♭♭7 D♭
        ♭5 G
            R

F♭
♭7 B♭
    ♭3 G
        R D♭
           ♭5

IX

G7

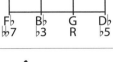
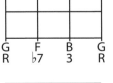

G
R D
   5 B
      3 F
         ♭7

G
R F
   ♭7 B
       3 G
          R

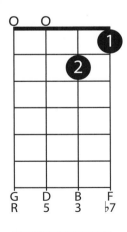
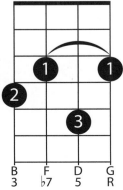
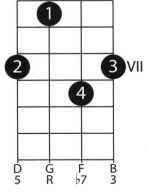

B
3 F
   ♭7 D
       5 G
          R

D
5 G
   R F
      ♭7 B
          3

VII

G

G7

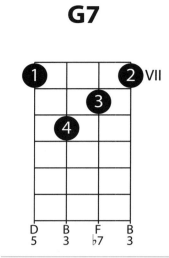

D	B	F	B
5	3	♭7	3

F	B	G	D
♭7	3	R	5

G7sus4

G	D	C	F
R	5	4	♭7

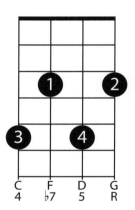

C	F	D	G
4	♭7	5	R

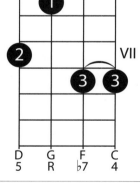

D	G	F	C
5	R	♭7	4

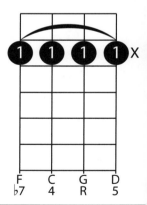

F	C	G	D
♭7	4	R	5

G7♭5

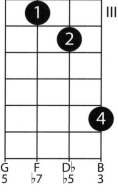

G	F	D♭	B
5	♭7	♭5	3

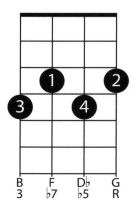

B	F	D♭	G
3	♭7	♭5	R

G7♭5

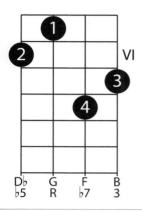

VI
D♭	G	F	B
♭5	R	♭7	3

X
F	B	G	D♭
♭7	3	R	♭5

G7+

O
G	D♯	B	F
R	♯5	3	♭7

VIII
D♯	G	F	B
♯5	R	♭7	3

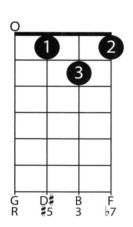

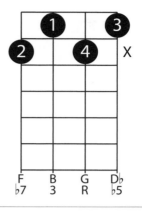

X
F	B	G	D♯
♭7	3	R	♯5

G9

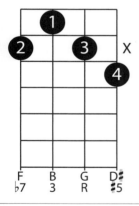

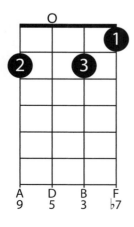

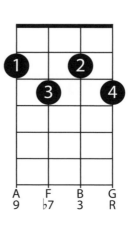

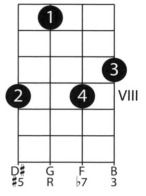

O
A	D	B	F
9	5	3	♭7

A	F	B	G
9	♭7	3	R

G9

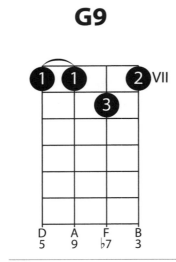

D	A	F	B
5	9	♭7	3

F	B	A	D
♭7	3	9	5

G9sus4

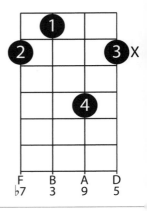

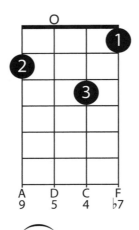

A	D	C	F
9	5	4	♭7

C	F	D	G
4	♭7	5	R

G

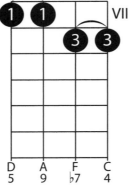

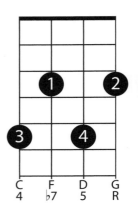

D	A	F	C
5	9	♭7	4

F	C	A	D
♭7	4	9	5

G9♭5

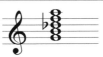

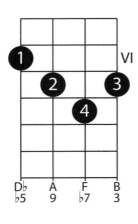

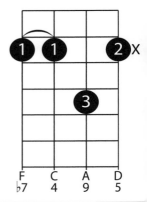

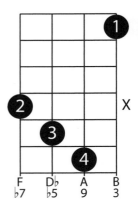

D♭	A	F	B
♭5	9	♭7	3

F	D♭	A	B
♭7	♭5	9	3

G9♭5

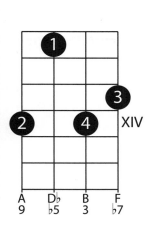

```
A    D♭   B    F
9    ♭5   3    ♭7
```

XIV

G9+

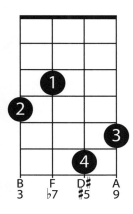

```
B    F    D#   A
3    ♭7   #5   9
```

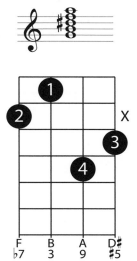

X

```
F    B    A    D#
♭7   3    9    #5
```

G13

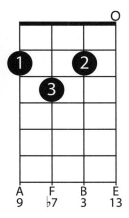

O

```
A    F    B    E
9    ♭7   3    13
```

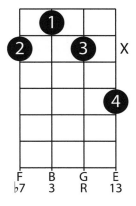

X

```
F    B    G    E
♭7   3    R    13
```

G

A♭

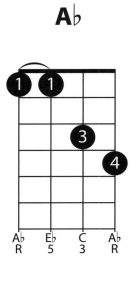

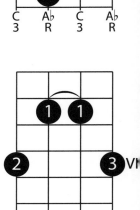

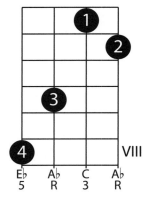

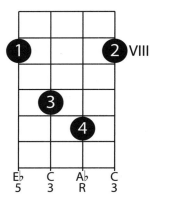

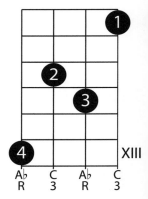

A♭sus4

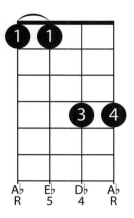

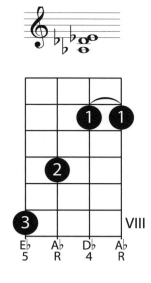

A♭	E♭	D♭	A♭
R	5	4	R

E♭	A♭	D♭	A♭
5	R	4	R

VIII

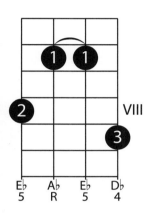

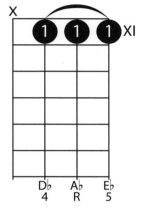

E♭	A♭	E♭	D♭
5	R	5	4

VIII

D♭	A♭	E♭
4	R	5

X / XI

A♭6

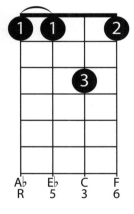

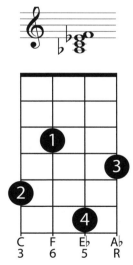

A♭	E♭	C	F
R	5	3	6

C	F	E♭	A♭
3	6	5	R

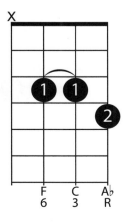

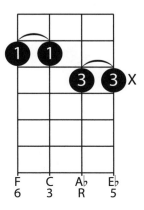

F	C	A♭
6	3	R

F	C	A♭	E♭
6	3	R	5

X

A♭

101

Ab 6/9

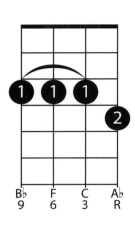

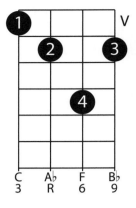

B♭ F C A♭
9 6 3 R

C A♭ F B♭
3 R 6 9

V

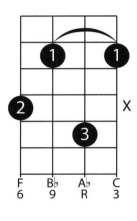

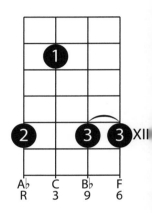

F B♭ A♭ C
6 9 R 3

X

A♭ C B♭ F
R 3 9 6

XII

A♭maj7

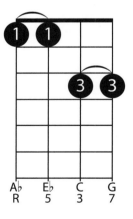

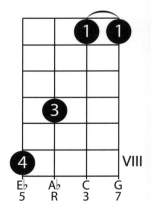

A♭ E♭ C G
R 5 3 7

E♭ A♭ C G
5 R 3 7

VIII

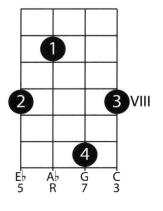

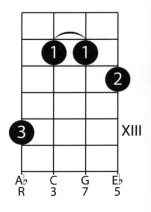

E♭ A♭ G C
5 R 7 3

VIII

A♭ C G E♭
R 3 7 5

XIII

A♭maj9

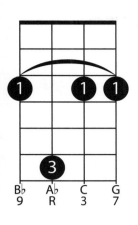

B♭	A♭	C	G
9	R	3	7

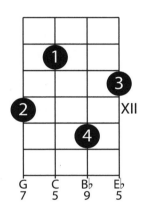

C	A♭	B♭	G
3	R	9	7

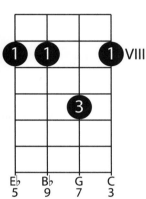

VIII

E♭	B♭	G	C
5	9	7	3

XII

G	C	B♭	E♭
7	5	9	5

A♭maj13

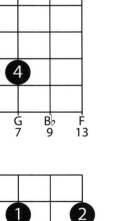

C	G	B♭	F
3	7	9	13

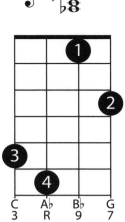

V

C	G	F	B♭
3	7	13	9

X

F	B♭	G	C
13	9	7	3

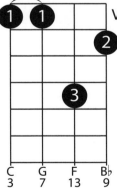

XII

G	C	B♭	F
7	3	9	13

A♭

A♭m

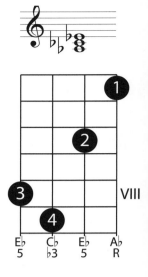

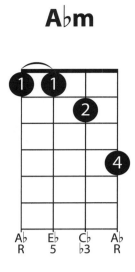

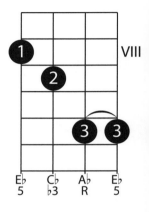

A♭	E♭	C♭	A♭
R	5	♭3	R

E♭	C♭	E♭	A♭
5	♭3	5	R

VIII

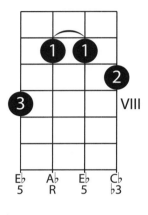

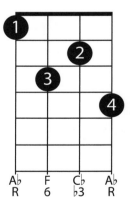

E♭	A♭	E♭	C♭
5	R	5	♭3

VIII

E♭	C♭	A♭	E♭
5	♭3	R	5

VIII

A♭m6

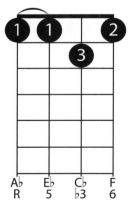

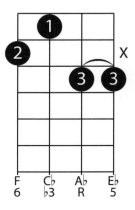

A♭	E♭	C♭	F
R	5	♭3	6

A♭	F	C♭	A♭
R	6	♭3	R

A♭

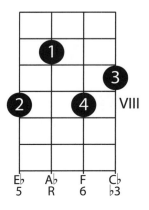

E♭	A♭	F	C♭
5	R	6	♭3

VIII

F	C♭	A♭	E♭
6	♭3	R	5

X

104

Abm7

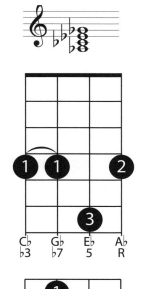

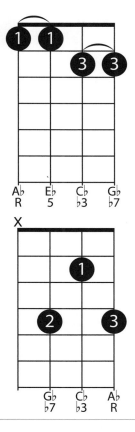

Ab	Eb	Cb	Gb
R	5	b3	b7

Cb	Gb	Eb	Ab
b3	b7	5	R

X

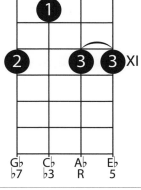

Gb	Cb	Ab
b7	b3	R

Gb	Cb	Ab	Eb
b7	b3	R	5

XI

Abm(maj7)

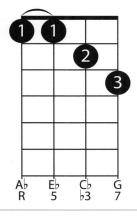

Ab	Eb	Cb	G
R	5	b3	7

Cb	G	Eb	Ab
b3	7	5	R

Ab

Abm9

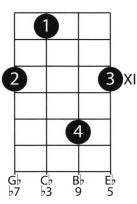
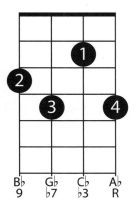

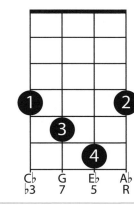

Bb	Gb	Cb	Ab
9	b7	b3	R

Gb	Cb	Bb	Eb
b7	b3	9	5

XI

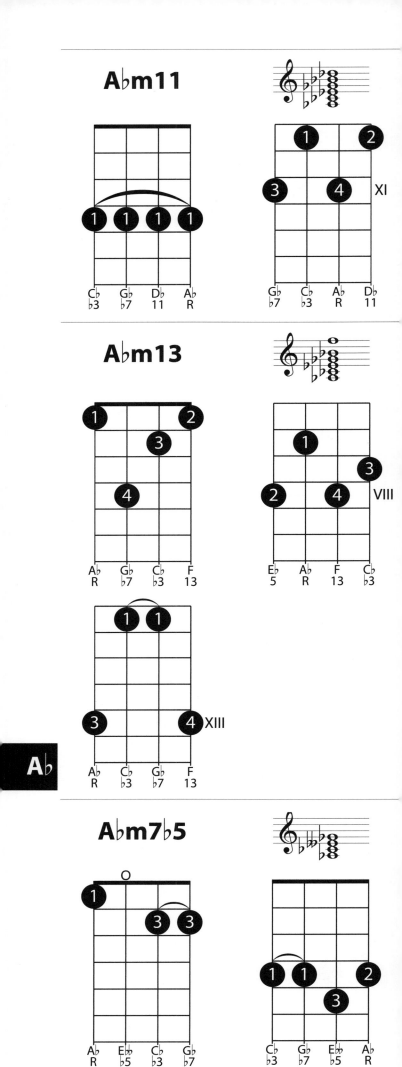

A♭m11

C♭ G♭ D♭ A♭
♭3 ♭7 11 R

G♭ C♭ A♭ D♭
♭7 ♭3 R 11
XI

A♭m13

A♭ G♭ C♭ F
R ♭7 ♭3 13

E♭ A♭ F C♭
5 R 13 ♭3
VIII

A♭ C♭ G♭ F
R ♭3 ♭7 13
XIII

A♭

A♭m7♭5

A♭ E♭♭ C♭ G♭
R ♭5 ♭3 ♭7

C♭ G♭ E♭♭ A♭
♭3 ♭7 ♭5 R

A♭m7♭5

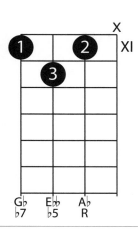

G♭	E♭♭	A♭
♭7	♭5	R

A♭°7

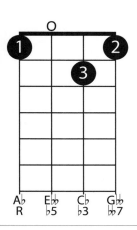

A♭	E♭♭	C♭	G♭♭
R	♭5	♭3	♭♭7

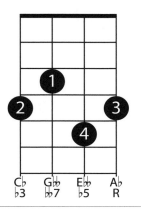

C♭	G♭♭	E♭♭	A♭
♭3	♭♭7	♭5	R

A♭7

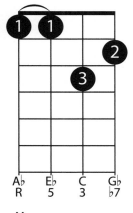

A♭	E♭	C	G♭
R	5	3	♭7

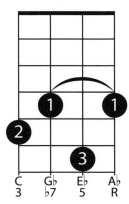

C	G♭	E♭	A♭
3	♭7	5	R

A♭

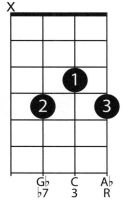

G♭	C	A♭
♭7	3	R

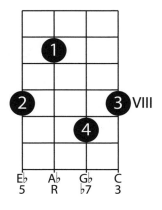

E♭	A♭	G♭	C
5	R	♭7	3

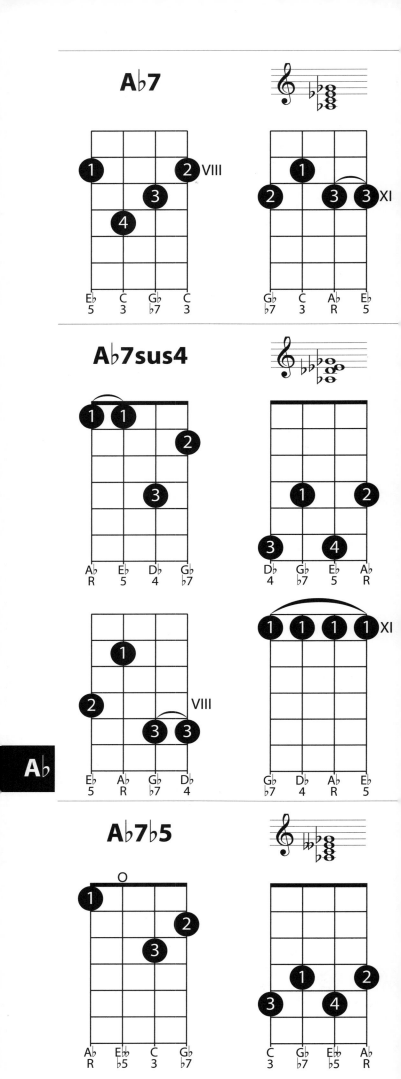

A♭7♭5

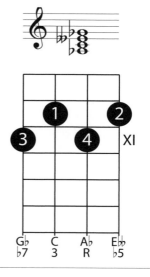

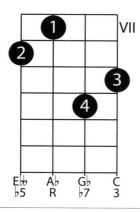

E♭♭	A♭	G♭	C
♭5	R	♭7	3

VII

G♭	C	A♭	E♭♭
♭7	3	R	♭5

XI

A♭7+

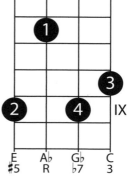

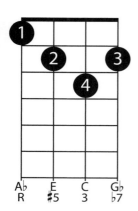

A♭	E	C	G♭
R	#5	3	♭7

E	A♭	G♭	C
#5	R	♭7	3

IX

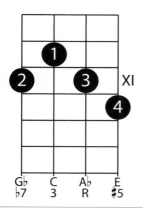

G♭	C	A♭	E
♭7	3	R	#5

XI

A♭

A♭9

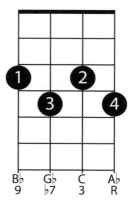

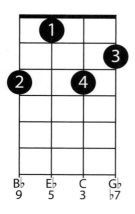

B♭	E♭	C	G♭
9	5	3	♭7

B♭	G♭	C	A♭
9	♭7	3	R

A♭9

E♭	B♭	G♭	C
5	9	♭7	3

G♭	C	B♭	E♭
♭7	3	9	5

A♭9sus4

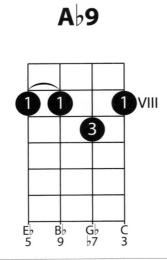
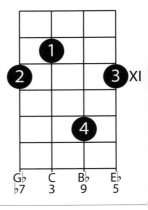

B♭	E♭	D♭	G♭
9	5	4	♭7

B♭	G♭	D♭	A♭
9	♭7	4	R

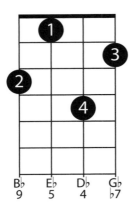
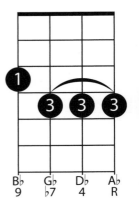

E♭	B♭	G♭	D♭
5	9	♭7	4

G♭	D♭	B♭	E♭
♭7	4	9	5

A♭

A♭9♭5

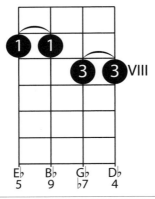

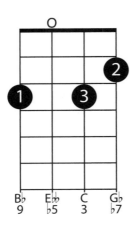
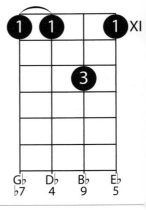
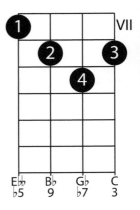

B♭	E♭♭	C	G♭
9	♭5	3	♭7

E♭♭	B♭	G♭	C
♭5	9	♭7	3

A♭9♭5

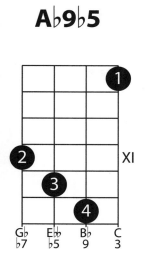

G♭	E♭♭	B♭	C
♭7	♭5	9	3

XI

A♭9+

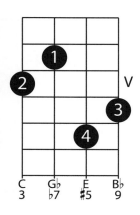

C	G♭	E	B♭
3	♭7	#5	9

V

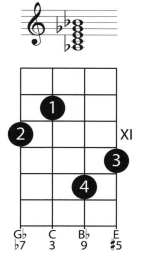

G♭	C	B♭	E
♭7	3	9	#5

XI

A♭13

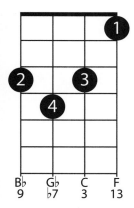

B♭	G♭	C	F
9	♭7	3	13

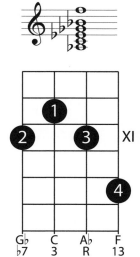

G♭	C	A♭	F
♭7	3	R	13

XI

A♭

111

A

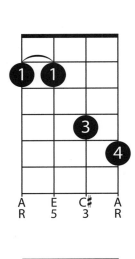

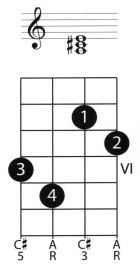

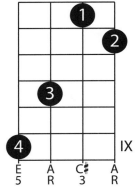

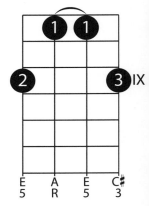

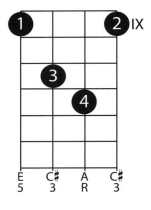

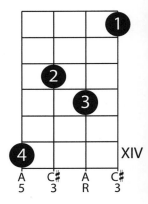

Asus4

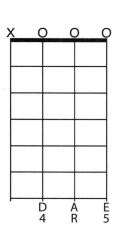

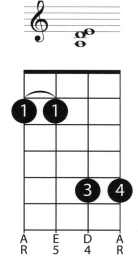

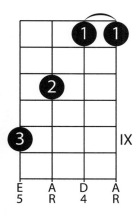

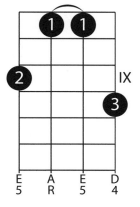

A6

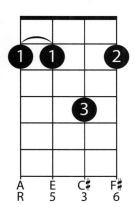

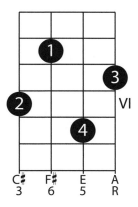

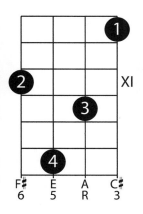

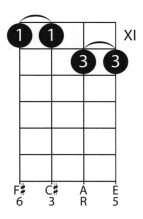

A

A⁶₉

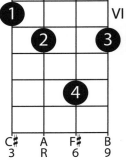

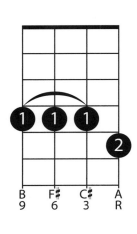

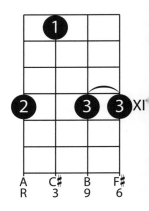

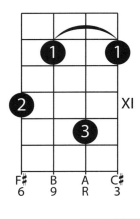

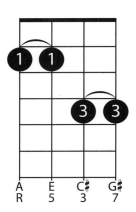

Amaj7

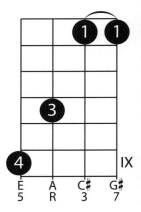

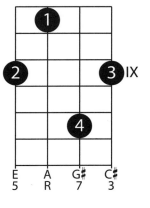

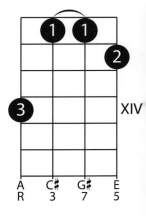

A

Amaj9

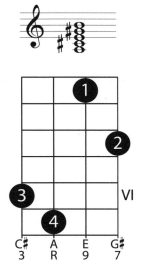

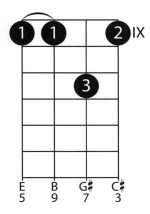

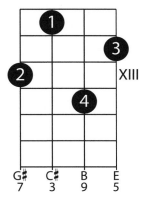

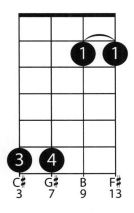

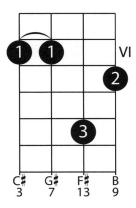

Amaj13

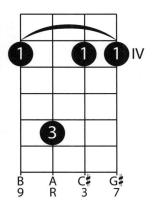

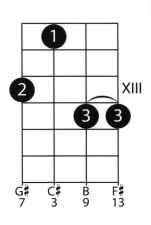

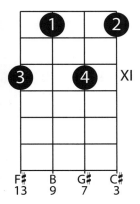

A

Am

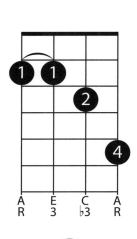
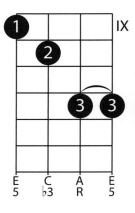

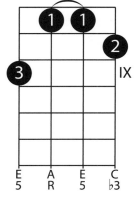
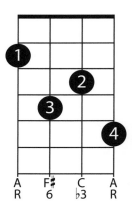

Am6

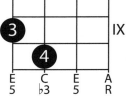

A

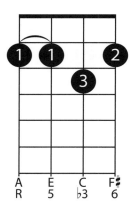
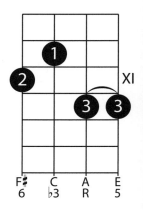

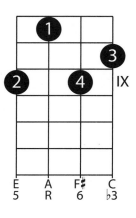

Am7

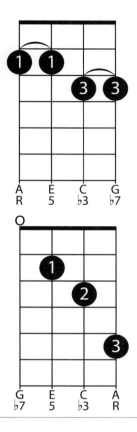

A
R
E
5
C
♭3
G
♭7

C
♭3
G
♭7
E
5
A
R

V

O

G
♭7
E
5
C
♭3
A
R

G
♭7
C
♭3
A
R
E
5

XII

Am(maj7)

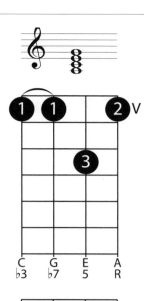
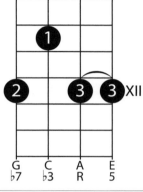

A
R
E
5
C
♭3
G#
7

C
♭3
G#
7
E
5
A
R

V

Am9

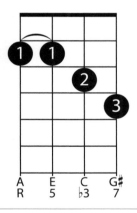
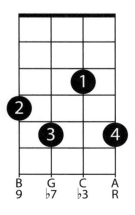
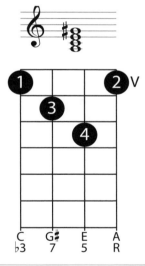
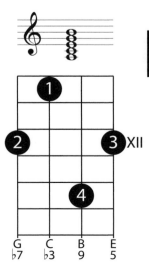

B
9
G
♭7
C
♭3
A
R

G
♭7
C
♭3
B
9
E
5

XII

Am11

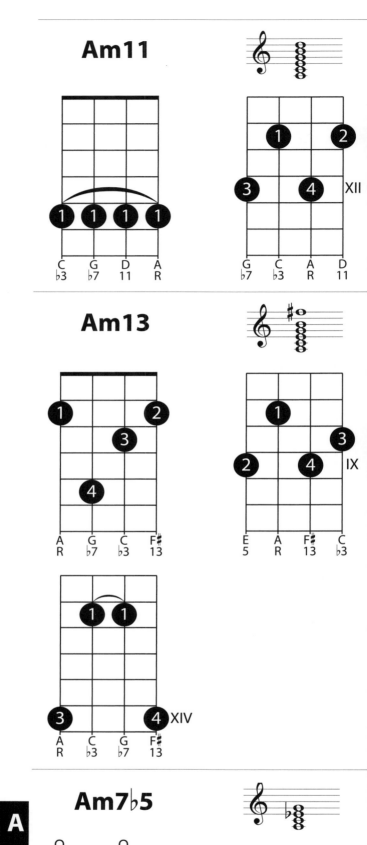

C   G   D   A
♭3 ♭7 11 R

G   C   A   D
♭7 ♭3 R   11

Am13

A   G   C   F♯
R   ♭7 ♭3 13

E   A   F♯ C
5   R   13 ♭3

XII

IX

A   C   G   F♯
R   ♭3 ♭7 13

XIV

Am7♭5

G   E♭ A   G
♭7 ♭5 R   ♭7

A   E♭ C   G
R   ♭5 ♭3 ♭7

Am7♭5

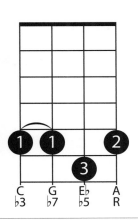

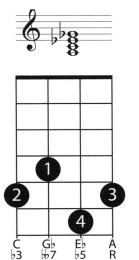

C   G   E♭   A
♭3   ♭7   ♭5   R

A°7

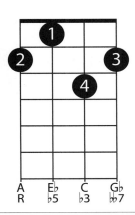

A   E♭   C   G♭
R   ♭5   ♭3   ♭♭7

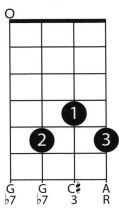

C   G♭   E♭   A
♭3   ♭♭7   ♭5   R

A7

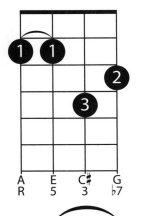

A   E   C♯   G
R   5   3   ♭7

G   G   C♯   A
♭7   ♭7   3   R

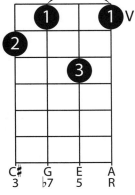

C♯   G   E   A
3   ♭7   5   R

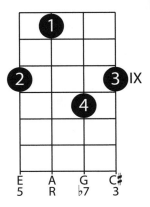

E   A   G   C♯
5   R   ♭7   3

A

A7

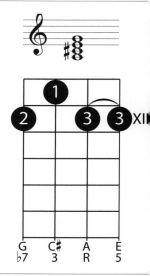

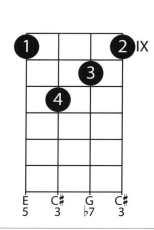

E	C#	G	C#
5	3	♭7	3

G	C#	A	E
♭7	3	R	5

A7sus4

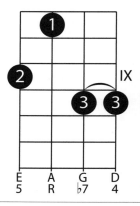

G	D	A	E
♭7	4	R	5

A	E	D	G
R	5	4	♭7

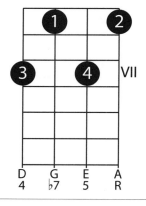

D	G	E	A
4	♭7	5	R

E	A	G	D
5	R	♭7	4

A7♭5

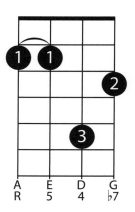

A

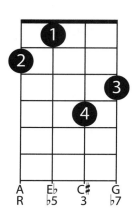

A	E♭	C#	G
R	♭5	3	♭7

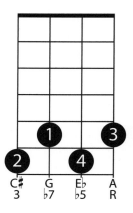

C#	G	E♭	A
3	♭7	♭5	R

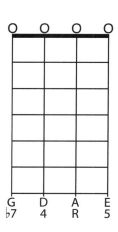

A7♭5

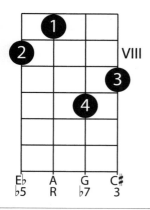
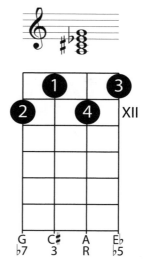

VIII

E♭	A	G	C#
♭5	R	♭7	3

XII

G	C#	A	E♭
♭7	3	R	♭5

A7+

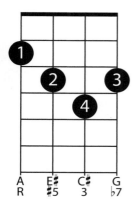
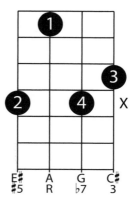

A	E#	C#	G
R	#5	3	♭7

X

E#	A	G	C#
#5	R	♭7	3

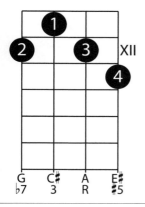

XII

G	C#	A	E#
♭7	3	R	#5

A9

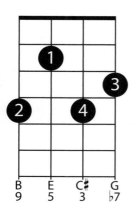
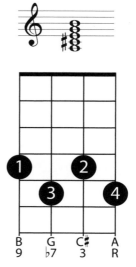

B	E	C#	G
9	5	3	♭7

B	G	C#	A
9	♭7	3	R

A

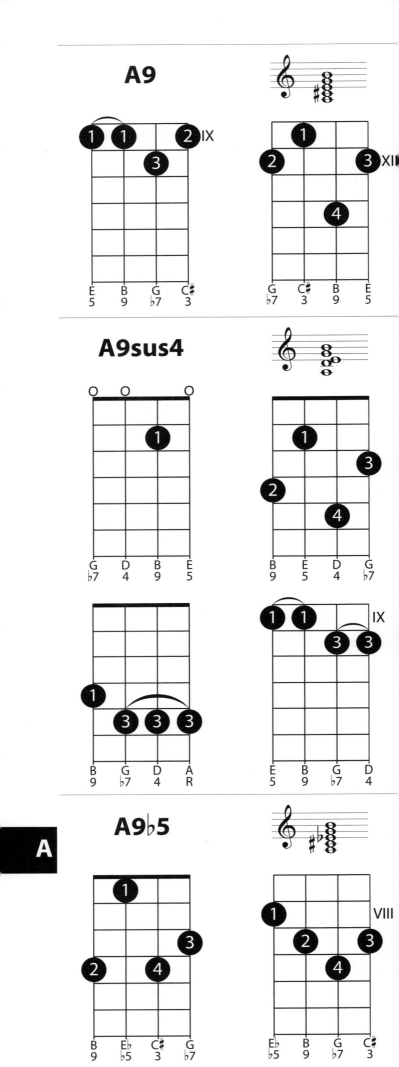

A9♭5

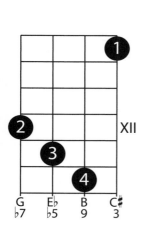

G	E♭	B	C♯
♭7	♭5	9	3

XII

A9+

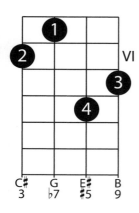

C♯	G	E♯	B
3	♭7	♯5	9

VI

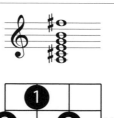

G	C♯	B	E♯
♭7	3	9	♯5

XII

A13

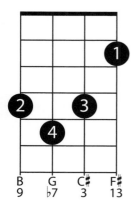

B	G	C♯	F♯
9	♭7	3	13

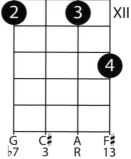

G	C♯	A	F♯
♭7	3	R	13

XII

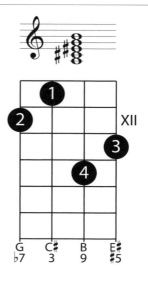

A

123

B♭

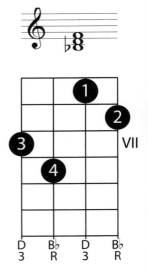

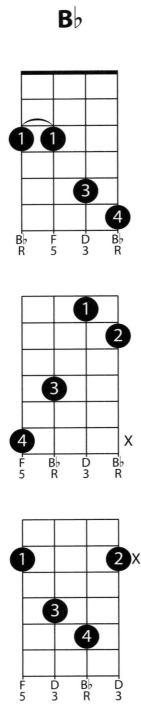

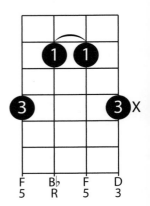

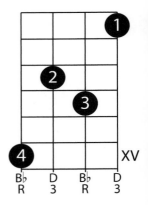

B♭

B♭sus4

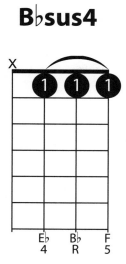

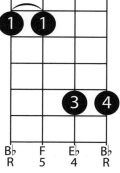

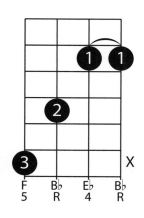

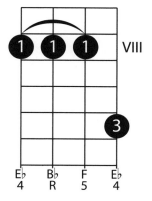

B♭6

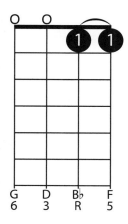

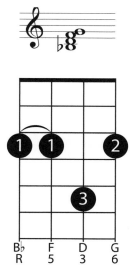

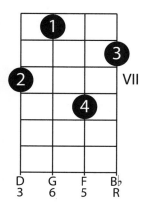

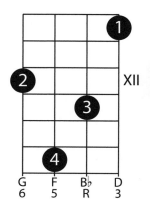

B♭

B♭⁶₉

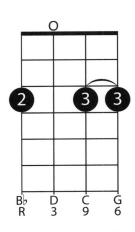

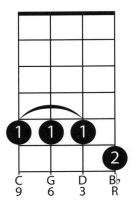

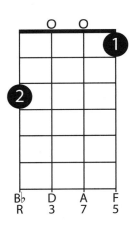

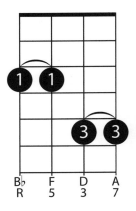

B♭maj7

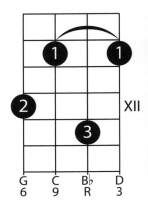

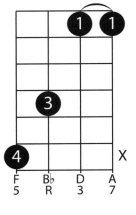

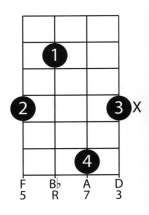

B♭

B♭maj9

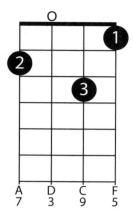

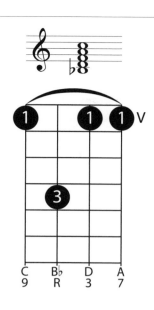

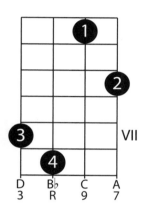

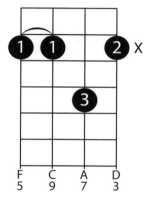

B♭maj13

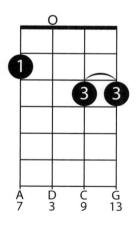

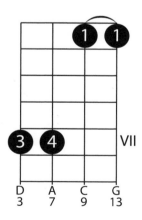

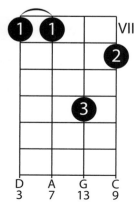

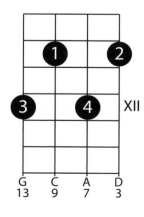

B♭

B♭m

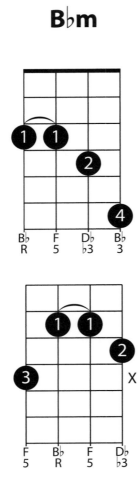

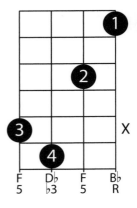

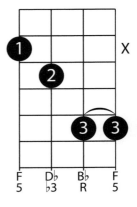

B♭m6

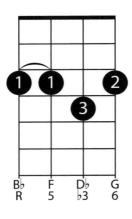

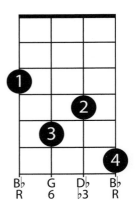

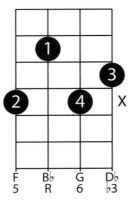

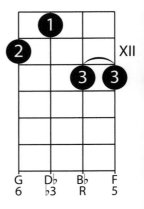

B♭

B♭m7

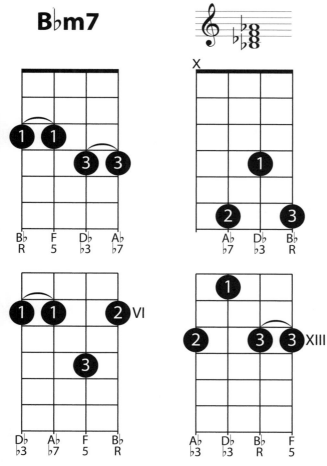

B♭ F D♭ A♭
R   5 ♭3 ♭7

X

A♭ D♭ B♭
♭7 ♭3 R

D♭ A♭ F B♭
♭3 ♭7 5 R

VI

A♭ D♭ B♭ F
♭3 ♭3 R   5

XIII

B♭m(maj7)

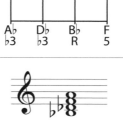

B♭ F D♭ A
R   5 ♭3 7

D♭ A F B♭
♭3 7 5 R

VI

B♭m9

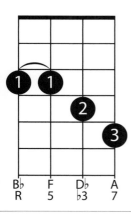

C   A♭ D♭ B♭
9   ♭7 ♭3 R

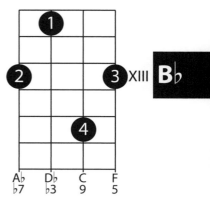

A♭ D♭ C F
♭7 ♭3 9 5

XIII **B♭**

129

B♭m11

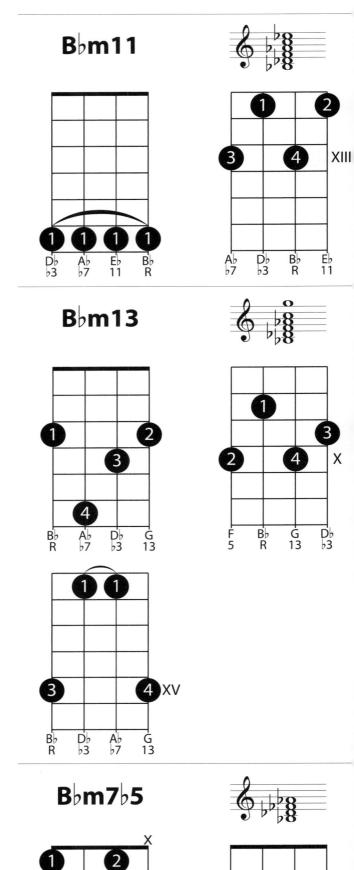

D♭	A♭	E♭	B♭
♭3	♭7	11	R

A♭	D♭	B♭	E♭
♭7	♭3	R	11

XIII

B♭m13

B♭	A♭	D♭	G
R	♭7	♭3	13

F	B♭	G	D♭
5	R	13	♭3

X

B♭	D♭	A♭	G
R	♭3	♭7	13

XV

B♭m7♭5

X

A♭	F♭	B♭
♭7	♭5	R

B♭	F♭	D♭	A♭
R	♭5	♭3	♭7

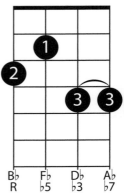

B♭

B♭m7♭5

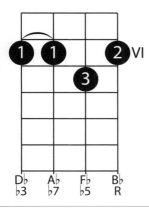

D♭ A♭ F♭ B♭
♭3 ♭7 ♭5 R

B♭°7

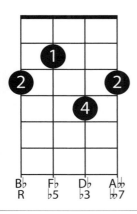

B♭ F♭ D♭ A♭♭
R ♭5 ♭3 ♭7

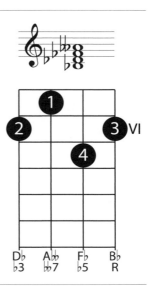

D♭ A♭♭ F♭ B♭
♭3 ♭7 ♭5 R

B♭7

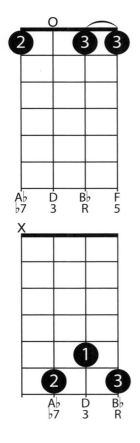

A♭ D B♭ F
♭7 3 R 5

A♭ D B♭
♭7 3 R

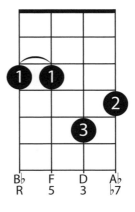

B♭ F D A♭
R 5 3 ♭7

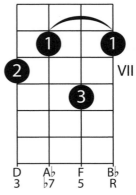

D A♭ F B♭
3 ♭7 5 R

B♭

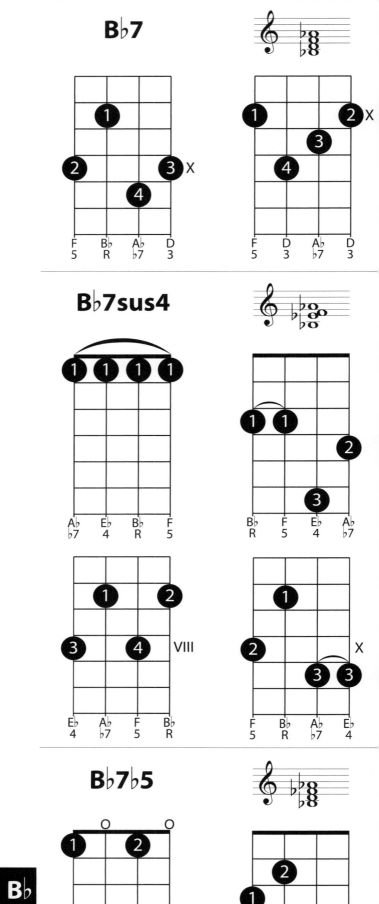

Bb7

Bb7sus4

Bb7b5

B♭7♭5

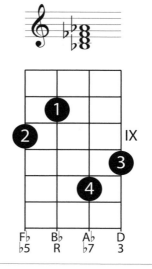

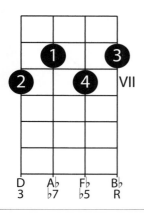

D	A♭	F♭	B♭
3	♭7	♭5	R

F♭	B♭	A♭	D
♭5	R	♭7	3

B♭7+

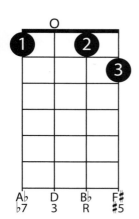

A♭	D	B♭	F#
♭7	3	R	#5

B♭	F#	D	A♭
R	#5	3	♭7

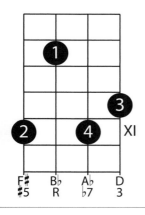

F#	B♭	A♭	D
#5	R	♭7	3

B♭9

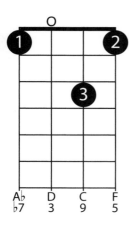

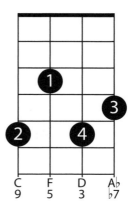

A♭	D	C	F
♭7	3	9	5

C	F	D	A♭
9	5	3	♭7

B♭

133

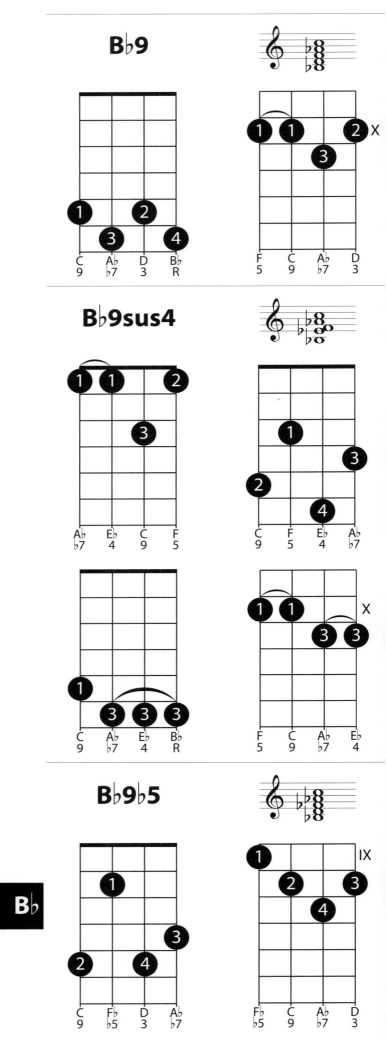

Bb9

C Ab D Bb
9 b7 3 R

F C Ab D
5 9 b7 3

Bb9sus4

Ab Eb C F
b7 4 9 5

C F Eb Ab
9 5 4 b7

C Ab Eb Bb
9 b7 4 R

F C Ab Eb
5 9 b7 4

Bb9b5

C Fb D Ab
9 b5 3 b7

Fb C Ab D
b5 9 b7 3

Bb

Bb9b5

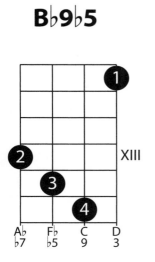

Ab	Fb	C	D
b7	b5	9	3

XIII

Bb9+

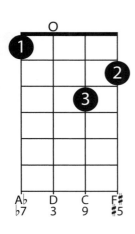

Ab	D	C	F#
b7	3	9	#5

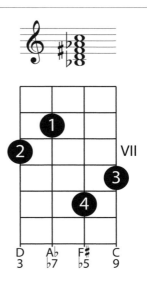

D	Ab	F#	C
3	b7	b5	9

VII

Bb13

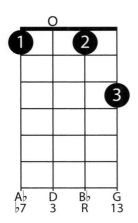

Ab	D	Bb	G
b7	3	R	13

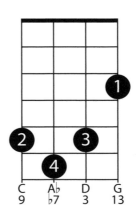

C	Ab	D	G
9	b7	3	13

Bb

B

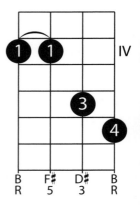

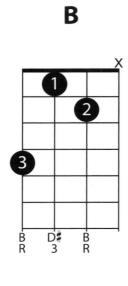

X

B   D#   B
R   3   R

IV

B   F#   D#   B
R   5   3   R

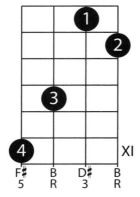

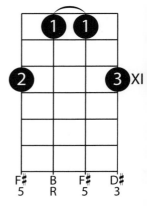

XI

F#   B   D#   B
5   R   3   R

XI

F#   B   F#   D#
5   R   5   3

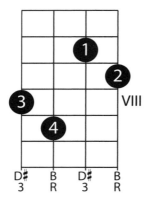

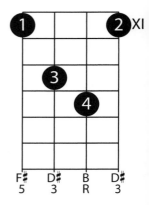

VIII

D#   B   D#   B
3   R   3   R

XI

F#   D#   B   D#
5   3   R   3

B

Bsus4

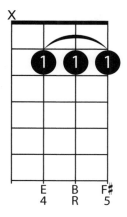

X

E	B	F#
4	R	5

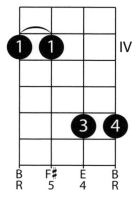

IV

B	F#	E	B
R	5	4	R

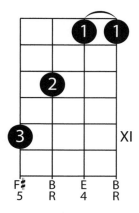

XI

F#	B	E	B
5	R	4	R

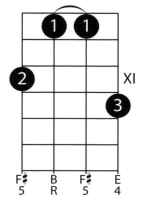

XI

F#	B	F#	E
5	R	5	4

B6

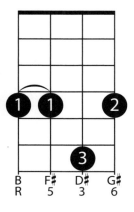

X

G#	F#	B
6	5	R

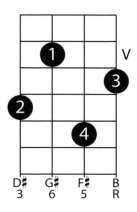

G#	D#	B	F#
6	3	R	5

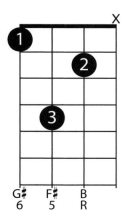

B	F#	D#	G#
R	5	3	6

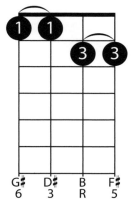

V

D#	G#	F#	B
3	6	5	R

B

B⁶₉

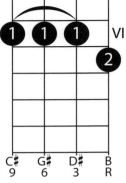

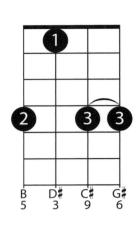

B	D#	C#	G#
5	3	9	6

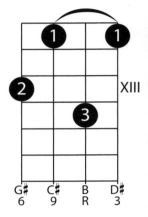

VI

C#	G#	D#	B
9	6	3	R

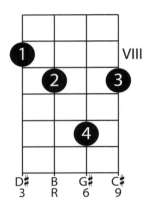

VIII

D#	B	G#	C#
3	R	6	9

XIII

G#	C#	B	D#
6	9	R	3

Bmaj7

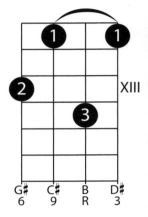

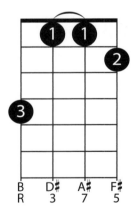

B	D#	A#	F#
R	3	7	5

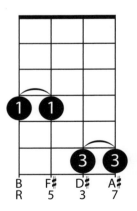

B	F#	D#	A#
R	5	3	7

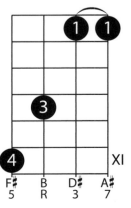

XI

F#	B	D#	A#
5	R	3	7

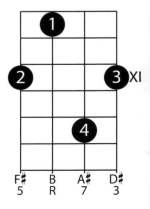

XI

F#	B	A#	D#
5	R	7	3

B

Bmaj9

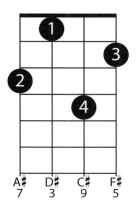

A#	D#	C#	F#
7	3	9	5

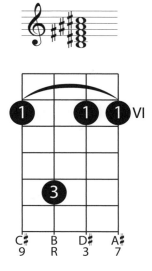

VI

C#	B	D#	A#
9	R	3	7

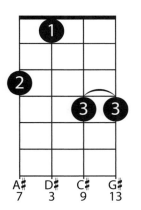

VIII

D#	B	C#	A#
3	R	9	7

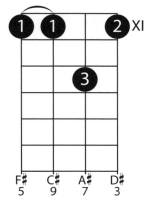

XI

F#	C#	A#	D#
5	9	7	3

Bmaj13

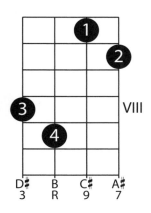

A#	D#	C#	G#
7	3	9	13

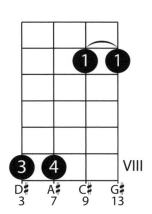

VIII

D#	A#	C#	G#
3	7	9	13

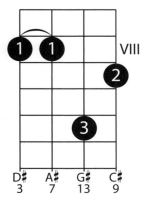

VIII

D#	A#	G#	C#
3	7	13	9

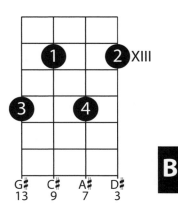

XIII

G#	C#	A#	D#
13	9	7	3

B

Bm

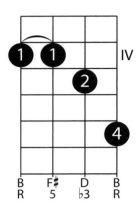

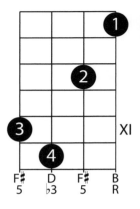

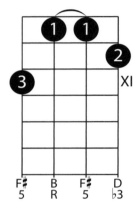

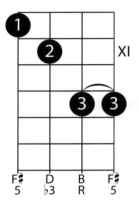

Bm6

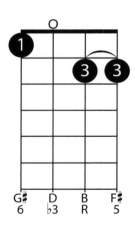

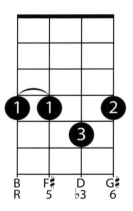

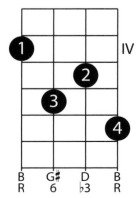

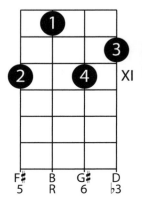

B

Bm7

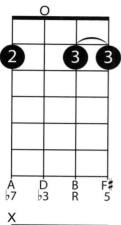

A	D	B	F#
♭7	♭3	R	5

B	F#	D	A
R	5	♭3	♭7

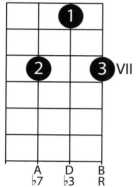

A	D	B
♭7	♭3	R

D	A	F#	B
♭3	♭7	5	R

Bm(maj7)

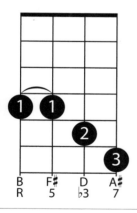
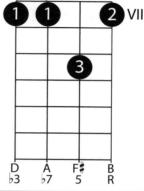

B	F#	D	A#
R	5	♭3	7

D	A#	F#	B
♭3	7	5	R

Bm9

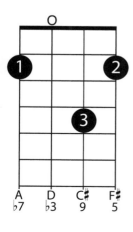
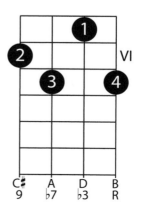

A	D	C#	F#
♭7	♭3	9	5

C#	A	D	B
9	♭7	♭3	R

B

Bm11

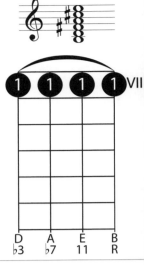

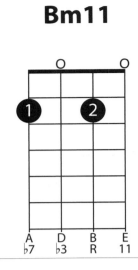

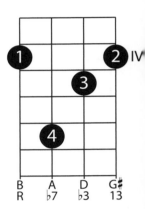

Bm13

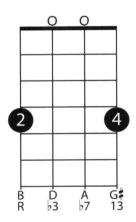

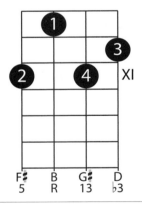

Bm7♭5

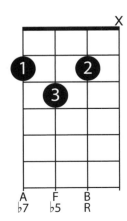

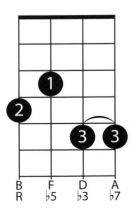

B

142

Bm7♭5

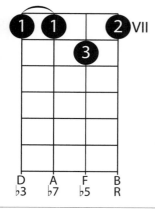

D	A	F	B
♭3	♭7	♭5	R

B°7

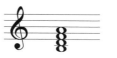

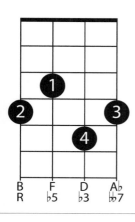

B	F	D	A♭
R	♭5	♭3	♭♭7

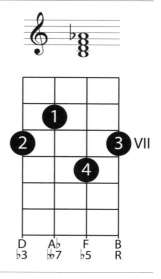

D	A♭	F	B
♭3	♭♭7	♭5	R

B7

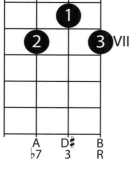

A	D♯	B	F♯
♭7	3	R	5

B	F♯	D♯	A
R	5	3	♭7

X

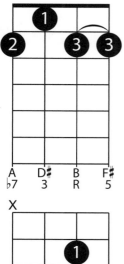

A	D♯	B
♭7	3	R

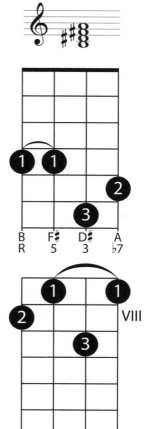

D♯	A	F♯	B
3	♭7	5	R

B

B7

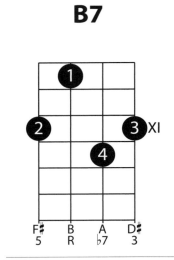

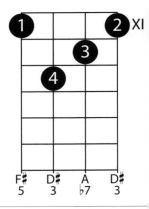

F#	B	A	D#
5	R	b7	3

F#	D#	A	D#
5	3	b7	3

B7sus4

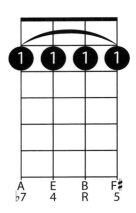

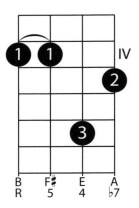

A	E	B	F#
b7	4	R	5

B	F#	E	A
R	5	4	b7

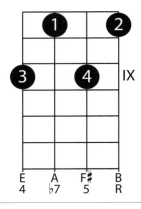

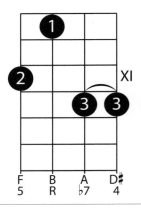

E	A	F#	B
4	b7	5	R

F	B	A	D#
5	R	b7	4

B7b5

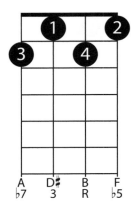

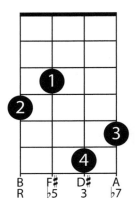

A	D#	B	F
b7	3	R	b5

B	F#	D#	A
R	b5	3	b7

B

144

B7♭5

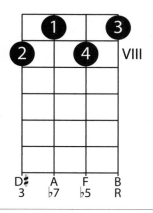
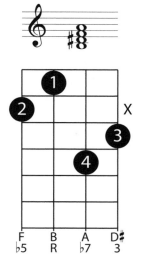

VIII

D#	A	F	B
3	♭7	♭5	R

X

F	B	A	D#
♭5	R	♭7	3

B7+

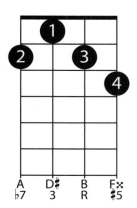
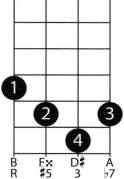

A	D#	B	F×
♭7	3	R	#5

B	F×	D#	A
R	#5	3	♭7

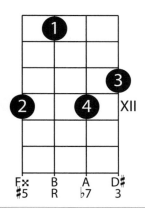

XII

F×	B	A	D#
#5	R	♭7	3

B9

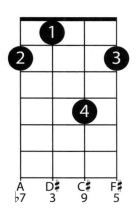
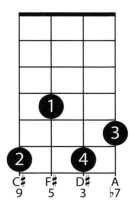

A	D#	C#	F#
♭7	3	9	5

C#	F#	D#	A
9	5	3	♭7

B

145

B9

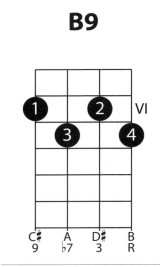

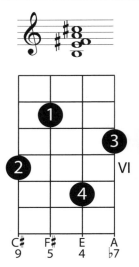

C#	A	D#	B
9	b7	3	R

VI

F#	C#	A	D#
5	9	b7	3

XI

B9sus4

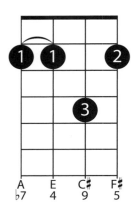

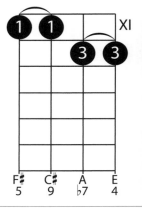

A	E	C#	F#
b7	4	9	5

C#	F#	E	A
9	5	4	b7

VI

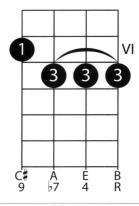

C#	A	E	B
9	b7	4	R

VI

F#	C#	A	E
5	9	b7	4

XI

B9b5

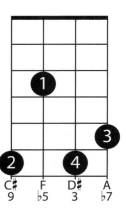

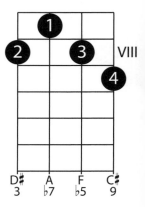

C#	F	D#	A
9	b5	3	b7

D#	A	F	C#
3	b7	b5	9

VIII

B

B9♭5

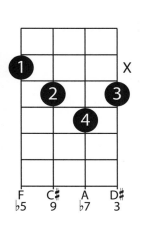

F ♭5 | C# 9 | A ♭7 | D# 3

B9+

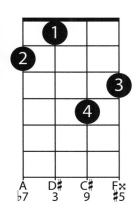
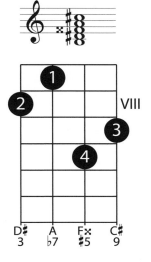

A ♭7 | D# 3 | C# 9 | F×/#5

D# 3 | A ♭7 | F×/#5 | C# 9

VIII

B13

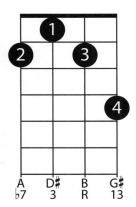
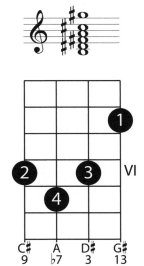

A ♭7 | D# 3 | B R | G#/13

C# 9 | A ♭7 | D# 3 | G#/13

VI